孔子與論語

序言

余少失庭訓，賴母兄撫養誘掖，弱冠爲鄉里小學師，即知讀孔孟書。爲諸生講句法文體，草爲論語文解，投上海商務印書館印行。獲贈書券百元，得購掃葉山房等石印古籍逾二十種，所窺漸廣，所識漸進。時爲民國七年，新文化運動，方甚囂塵上，竊就日常所潛研默體者繩之，每怪其持論之偏激，立言之輕狂。益自奮勵，不爲所動。民十一轉教中學，先在廈門集美學校一年，轉無錫第三師範。校規，每一國文教師分班負責，隨年級自一年遞升至四年，一班畢業，周而復始。每年有特定課程一門，曰文字學、論語、孟子、國學概論。余按年編爲講義，自文字學大義、論語孟子要略、國學概論，四年得書四種。惟文字學大義以篇幅單薄，留待增廣，今已失去。其他三種，絡續出版。時有中學同學郭君，遊學東瀛，與余同事。其案頭多日文書，余借讀得蟹江義丸孔子研究一書，始知史記孔子世家所載孔子生平歷年行事多疎誤，自宋迄淸，迭有糾彈。余在論語要略中先撰有孔子傳略一章，孟子要略中續草孟子傳略。時國人治先秦諸子之風方熾，余益廣搜羣籍，詳加考訂，擴大爲先秦諸子繫年。民十九赴北平，在燕京、北大、淸華、師大諸大學授課。默念循揚孔道，牽涉至廣，玆事體大，不能專限於先秦孔孟之當時。抑且讀書愈多，乃知所瞭解於孔孟之遺訓者乃益淺，因遂不敢妄有論著。數年中，草成近三百年學術史。避日寇，至滇南，獨居宜良山中，草成國史大綱。轉成都，病中讀朱子語類全部，益窺由宋明理學上探孔孟之門徑曲折。避赤氛，至香港，創辦新亞書院，乃又時時爲諸生講論語。赴美講學，以羈旅餘閒，草爲論語新解。辭去新亞職務，移居來臺，草爲朱子新學案。又値大陸批孔之聲驟起，新近又草爲孔子傳。並彙集港臺兩地二十年來所爲散文，凡以孔子與論語爲題者，得十六篇，成爲此編。回念自民初始知讀孔孟書迄今已逾六十年，而余年亦已八十矣。先則遭遇打倒孔家店之狂潮，今又嗅及批孔揚秦之惡氛，國事日非，學風日窳。即言反孔一端，論其意義境界，亦復墮退不可以道里計。然而知讀孔孟書者，亦已日益凋零。仰瞻孔孟遺訓，邈如浮雲天半，可望而不可即，抑且去我而日遠。念玆身世，眞不知感慨之何從也。

中華民國六十三年七月七日錢穆識於臺北士林外雙溪之素書樓

補記

余有意彙集此編，搜尋篋中存稿，忽睹有在第三師範孔子誕辰演講一篇，距今已五十年矣。演講中闡述近代個人主義集體主義之相衝突，在孔子思想中如何融會合一，所言雖淺，私幸與最近意見無大相違，即抽出納入一紙袋中，默念此稿決非從大陸携出，不知何人相贈，以冠斯編，亦為個人研治孔學一紀念。乃此紙袋，忽又輾轉失去，不知擲放何處，屢檢不獲，只有俟他日再見，於此編重版時補入。又續獲兩稿，乃抗戰勝利後重返昆明，在五華學院所撰，亦忽忽垂三十年矣。敝帚自珍，取以補附此編之後。錢穆又識。

至聖先師孔子

國立故宮博物院藏

孔子與論語目次

一　孔子誕辰勸人讀論語並及論語之讀法

一

論語應該是一部中國人人人必讀的書。不僅中國；將來此書，應成爲一部世界人類的人人必讀書。

讀論語並不難，一個高級中文中學的學生，平直讀其大義，應可通十分之四乃至十分之五。

讀論語可分章讀，通一章即有一章之用。遇不懂處暫時跳過，俟讀了一遍再讀第二遍，從前不懂的逐漸可懂。如是反覆讀過十遍八遍以上，一個普通人，應可通其十分之六七。如是也就夠了。

任何人，倘能每天抽出幾分鐘時間，不論枕上、廁上、舟車上，任何處，可拿出論語，讀其一章或二章。整部論語，共四百九十八章；但有重複的。有甚多是一句一章，兩句一章的；再把讀不懂的暫時跳過，至少每年可讀論語一遍。自二十歲起到六十歲，應可讀論語四十遍。

若其人生活，和書本文字隔離不太遠，能在每星期抽出一小時工夫，應可讀論語一篇；整部論語共二十篇，一年以五十一星期計，兩年應可讀論語五遍。自二十到六十，應可讀論語一百遍。

若使中國人，只要有讀中學的程度，每人到六十歲，都讀過論語四十遍到一百遍，那都成聖人之徒，那時的社會也會澈底變樣子。

因此，我認爲：今天的中國讀書人，應負兩大責任：一是自己讀論語；一是勸人讀論語。

二

上面一段話，我是爲每一個識字讀書人而說；下面將爲有志深讀精讀論語的人說，所說則仍有關於如何讀論語的方法問題。

讀論語兼須讀注。論語注有三部可讀：一是魏何晏集解；一是宋朱熹集注；一是清劉寶楠正義。普通讀論語，都讀朱子注。若要深讀精讀，讀了朱注，最好能讀何晏所集的古注，然後再讀劉寶楠編撰的清儒注。不讀何劉兩家注，不知朱注錯誤處，亦將不知朱注之精善處。

最先應分開讀，先讀朱注，再讀何劉兩家。其次應合讀，每一章同時兼讀何朱劉三書，分別比較，自然精義顯露。

三

清儒曾說：考據義理辭章三者不可偏廢，讀論語亦該從此三方面用心。或疑讀論語應重義理，何必注意到考據辭章，以下我將舉少數幾條例來解釋此疑。

第一，讀論語不可忽略了考據。如：

子曰：人而無信，不知其可也。大車無輗，小車無軏，其何以行之哉？

讀這一章，便須有考據名物的工夫。古代的大車小車，體製如何分別，輗和軏是車上什麼零件，若這些不明白，只說孔子認爲人不可無信，但爲何人不可以無信，不懂孔子這番譬喻，究竟沒有懂得孔子眞義所在。好在此等，在舊注中都已交代明白，如讀朱注嫌其簡略，便應讀古注和清儒注。務求對此項名物知道清楚了，本章涵義也就清楚。萬不宜先橫一意見，說這些是考據名物，不値得注意。

又如：

子曰：禘自既灌而往者，吾不欲觀之矣。

或問禘之說。子曰：不知也。知其說者之於天下也，其如示諸斯乎！指其掌。

這兩章，孔子論及禘禮，那是有關制度方面的事。禘究是個什麼禮？灌是此禮中如何一個項目？爲何孔子看禘禮到灌以下便不願再看？那必有一番道理。孔子弟子們，正爲有不明白孔子心中這一番道理的；所以緊接有下一章，有人問孔子關於禘的說法。但孔子又閃開不肯說，說我也不知呀！下面又接着說知道了這番道理，治天下便像運諸掌。可見這番道理，在孔子心中，並不小看，而且極重視。現在我們只能說，孔子講政治極重禮治主義；但孔子主張禮治之內容及其意義，我們無法說。若只牽引荀子及小戴禮等書來說，那只是說明荀子和小戴禮，沒有說明孔子自己的意見！

若要考據禘禮，那不像大車小車輗和軏般簡單。古人對此，聚訟紛紜，莫衷一是。似乎非專治考據，無法來解決此難題。其實也並不然。前人引經據典，提出的說法，最多也不過四五種。我們只要肯細心耐心，把此四五種異同之說，平心研討，自然也可明白一大概。壞是壞在我們先有一存心，說這些是考據，和義理不相關。其實這兩章的考據不明，則義理終亦無法明。

四

現在再說，讀論語不可忽略了辭章。

我此處所說的辭章，包括字義、句法、章法等，卽純文學觀點下之所謂辭章亦包括在內。如：

子曰：晏平仲善與人交，久而敬之。

此章似乎甚爲明白易解；但中間發生了問題，問題發生在之字上。究是晏子敬人呢？還是人敬晏子呢？之字解法不同，下面引伸出的義理可以甚不同。朱子是解的人敬晏子，古注解作晏子敬人。現在我們且莫辨這兩番理義誰是誰好；我們且先問孔子自己究如何說。這不是一義理問題，而是一辭章問題，卽是在句法上，此之字究應指晏子或他人。就句法論，自然這之字該指的晏子；但又另有問題發生，卽論語的本子有不同，有一本卻明作：晏平仲善與人交，久而人敬之。下句多了一人字。若下句原來眞有一人字，自然又是古注對。此處便又牽涉到考據學上的校勘問題了。

牽涉到校勘，便要問這兩個不同之本，究竟那一個本更有價値些。鄭玄本是不多一人字的，皇侃義疏本是多一人字的。但皇侃本在其他處也多與相傳論語有不同字句，而頗多不可信，則此處多一人字，也不値得過信。至於其他本多一人字的還多，但皆承襲皇本，更就無足輕重。因多一人字始見是人敬晏子；則少一人字，自當解作晏子敬人。而多一人字之本又不値信據，則此問題也自然解決了。朱子注論語，豈有不參考古注異本的？但朱子只依鄭玄本，知在此等處，已用過別擇工夫。

五

又如：

子見南子，子路不說，夫子矢之曰：予所否者，天厭之，天厭之。

這一章的問題，較之上引一章，複雜而重大得多了。從來讀論語的，對此章不知發生過幾多疑辨。直到民國初年新文化運動掀起打倒孔家店的浪潮，有人把此章編了子見南子的話劇，在孔子家鄉曲阜某中學演出，引起了全國報章喧傳注意。可見讀論語，不能不注意到此章。討論孔子爲人，亦不能不注意到此章。但研究此章；斷不能不先從字義句法上入手，這卽是辭章之學了。

孔子做了此事，他弟子心感不悅，孔子沒有好好陳說他所以要做此事之理由，卻對天發誓，那豈不奇怪嗎？所以從來注家，都對此章矢字作別解，不說是發誓；獨朱子注明白說：矢，誓也。朱子何以作此斷定？因下文是古人常用的誓辭。朱注又說：所，誓辭也。如云所不與崔慶者之類。可見此處朱子也用了考據工夫。其實朱子此注，如改爲凡上用所字下用者字之句，是古人之誓辭，就更淸楚了。其後淸儒閻若璩在四書釋地中把關於此種語法之例都詳舉了。近人馬氏文通也曾詳舉一番，可證明朱注之確實可信。

朱子既根據這一判定，下面予所否者，天厭之，天厭之三句，解作若我所行不合於禮，不由其道，則天將厭棄我。這一解法，也確實可信了。許多對矢字作曲解的，對下面否字也另作曲解，那都不値得討論了。

照字義語法講，朱注既是確切不移，但仍然不能使人明白這全章之意義。南子是一位有淫行的女人，孔子見之，卻說合禮由道，這是什麼意義呢？朱子在此處，特別添進一句，說：古者仕於其國，有見其小君之禮。此一條又是考據。若我們明白了這一層，子見南子這一件事，也無足多疑了。

論語中像此之例還多。如陽貨欲見孔子，孔子不見；陽貨饋孔子豚，孔子便不得不去見陽貨。朱子注此章亦引據古禮，說大夫有賜於士，不得受於其家，則往拜其門。經朱子加進了這一番考據，情事躍然，如在目前了。現在孔子在衞國受祿，衞君的夫人要見他，照禮他不得不往見；近代社交，也儘有像此類的情節，那有什麼可疑的呢？

淸儒說：訓詁明而後義理明，考據明而後義理明。朱注此章，眞做到了。淸儒對此章之訓詁考據，則反有不如朱子的。

但這裏仍有問題，淸儒是肯認眞讀書的。朱子所說那條古禮，究竟根據何書呢？淸儒毛奇齡曾遍翻古籍，卻不見朱子所說的那一條；於是再翻朱子的書，原來朱子也曾自己說：是於禮無所見；因說朱子是杜撰。但這裏至少可見朱子也曾爲此事而遍翻古禮，才說於禮無所見。朱子也知要明白這一章的情節，不得不乞靈於考據，於是才遍查古籍的。但古籍中雖無仕於其國必見其小君之一條，也並無仕於其國必不得見其小君之一條。如衞封人欲見孔子，說了一番話，孔子也就見他了。南子欲見孔子，也說了一番話，這番話史記曾載下，說：四方之君子，辱欲與寡君爲兄弟者，必見寡小君，寡小君願見。是南子欲見孔子之請辭，十分鄭重，而又懇切。史記又說：孔子辭謝，不得已而見之。是孔子辭而不獲始去見。史記又記其相見時之禮節云：孔子入門，北面稽首，夫人在絺帷中再拜，環佩玉聲璆然。我想朱子根據史記此一段記載，說古者仕於其國，有見其小君之禮，不能說他完全是杜撰。清儒硬要說無此禮，反見是拘礙不通了。古代的禮文，那能逐條保存，盡流傳到後世；而且社會上的禮節，又那裏是件件要寫下正式條文的呢？可見我們讀書，需要考據；但考據也解決不了一切的問題。又考據也有高明與不高明之別。朱子此條，在我認爲是極高明的了。近人認宋儒輕視考據，或不懂考據，那都是門戶偏見。

但這裏仍有問題。若果如朱子解法，孔子何不直截了當把此番話告訴子路，卻要急得對天發誓呢？朱注對此層，仍未交代明白，所以清儒仍不免要多生曲解。此處讓我依據朱注再來補充說一番。

說到這裏，便該注意到本章中子路不說之不說兩字上。今且問：子路不悅，是不悅在心中，還是不悅在臉上，還是把心中不悅向孔子直說了？依照本章上下文的文理和神情，子路定是把他心中的不悅向孔子直說了。子路如何說法，論語記者沒有記下來，但一定牽涉到南子淫行，是可想而知了。而且南子原本不是一位正式夫人，如何叫孔子去受委屈；這些話，都是無可否認的。孔子若針對子路話作答，則只有像朱注般說，我只依禮不該拒絕不去見；至於她的一切，那是她的事，我何能管得這許多？在此又有人提出古禮，說：禮在其國，不非其大夫；現在南子是君夫人，地位更在大夫之上。她請見孔子，辭令又很鄭重有禮，孔子不願針對子路話作答，因爲這樣便太直率了。於是說：我若錯了，天自會厭棄我。這樣說來，孔子之以天自誓，並不是憤激語，反見是婉委語。細尋本章文理，如此說，並非說不通，而且在文章神情上，豈不更好嗎？就行事言，孟子說：仲尼不爲已甚；就應對言，孔子說：不學詩，無以言。孔子此處對子路的誓辭，卻反而有詩意了。

以上這段話，是我根據朱注，再依或人之說，而自加以闡發，自謂於考據辭章義理三方面都能兼顧到，說得通。但不知如此說來，究說到論語本章之眞義與否。總之要研尋論語義理，不能不兼顧考據辭章。舉此爲例，也可說明此意了。

六

現在再繼續舉一章說之：

子貢曰：我不欲人之加諸我也，吾亦欲無加諸人。子曰：賜也！非爾所及也。

朱子注：

子貢言，我所不欲人加於我之事，我亦不欲以此加之於人。此仁者之事，不待勉強；故夫子以爲非子貢所及。

朱子在圈下注中又引程子說，謂：

我不欲人之加諸我，吾亦欲無加諸人，仁也。施諸己而不願，亦勿施於人，恕也。恕則子貢或能勉之，仁則非所及矣。

朱子又自加發揮，說：

愚謂無者自然而然，勿者禁止之謂，此所以爲仁恕之別。

大家說程朱善言義理，但此章解釋卻似近勉強。朱子說：無者自然而然，勿者禁止之辭；其實本章明言欲無加諸人，所重在欲字，欲卽非自然而然。欲無加諸人之無字，亦非自然而無；乃是亦欲不加諸人。因此此章程朱把仁恕分說，實不可靠。

古注孔安國說：非爾所及，言不能止人使不加非義於己。此解乃爲得之。何以說孔安國說得之？仍須從本章的句法上去硏求。本章句法是平行對列的，我不欲人把非禮加我，我亦欲不把非禮加人。下句有一亦字，顯然是兩句分開作兩件事說的。若說己所不欲，勿施於人，此等句法是直承偏注，只是說一句話，一件事。細究兩處文法，自見不同。若把握住此點，朱注子貢言我所不欲人加於我之事這一句也錯了；只應說我不欲人加於我，我也欲我不把來加於人。朱注我所不欲人加於我之事，此語只可移作己所不欲四字之注解。朱注之事二字，即所不欲之所字，但厘章則句法不同。孔安國看準了，故說：別人要加非義於你，你何能禁止呀！孔子所謂非爾所及，只承上一句，不關下一句。

我舉此例，仍只要說明欲通論語之義理，必須先通論語之文法。若文法不通，所講的義理，只是你自己的，不和論語本文相關。

七

此下我想再舉一例。

子曰：飯疏食，飲水，曲肱而枕之，樂亦在其中矣。不義而富且貴，於我如浮雲。

我常愛誦此章，認爲大有詩意，可當作一首散文詩讀。此章之深富詩意，尤其在末尾那一掉：不義而富且貴，於我如浮雲十一字；其實在於我如浮雲那五字，尤在如浮雲那三字。若省去此一掉，或在掉尾中換去如浮雲三字，只說於我有什麼相干呀！那便絕無詩意可言了。但我們讀論語，固可欣賞其文辭，主要還在研尋其義理。難道論語記者無端在本章添此一掉尾，也像後世辭章之士之所爲嗎？因此我們在此掉尾之十一字中，仍該深求其義理所在。

若在此十一字中深求其義理所在，則不義而三字，便見吃緊了。素富貴行乎富貴，富貴並非要不得。孔子又曾說：富與貴，是人之所欲也；不以其道得之，不處也。不以其道而得富貴，還不是不義而富且貴嗎？今且問：你若不行不義，那有不義的富貴逼人而來？富貴逼人而來，是可有的；不義的富貴，則待我們行了不義才會來。倘我絕不行不義，那不義而富且貴之事，絕不會干擾到我身上，那眞如天上浮雲，和我絕不相干了。因此，我們若沒有本章下半節於我如浮雲這一番心胸，便也不能眞有本章上半節樂亦在其中這一番情趣。關於本章下半節的那種心胸，在孟子書裏屢屢提到，此不詳引。我此所說，只是說明要眞瞭解論語各章之眞意義，貴在能從論語各章逐字逐句，在考據訓詁文理辭章各方面去仔細推求，不要忽略了一字，不要拋棄了一句。至於把論語原文逐字逐句反到自己身心方面來眞實踐履，親切體會，那自不待再說了。

八

或有人會懷疑我上文所說，只重在考據辭章方面來尋求義理；卻不教人徑從義理方面作尋求，如孔子論仁論智，論道論命，論一貫忠恕，論孝弟忠信之類。這一層，我在上文已說到，讀論語貴於讀一章卽得一章之益。卽如論語說：巧言令色鮮矣仁。又說：剛毅木訥近仁。又說：仁者其言也訒。又說：仁者先難而後獲。這些話，逐字逐句求解，解得一句，卽明白得此一句之義理，卽可有此一句之受用。若解釋得多了，凡屬論語論仁處，我都解得了；論語不提到仁字處，我亦解得了；孔子論仁論道的眞意義，我自然也解得了。此是一種會通之學。義理在分別處，亦在會通處。會通卽是會通其所分別。若論語各章各節，一句一字，不去理會求確解；專拈幾個重要字面，寫出幾個大題目，如孔子論仁，孔子論道之類，隨便引申發揮，這只發揮了自己意見，並不會使自己眞瞭解論語，亦不會使自己對論語一書有眞實的受用。那是自欺欺人，又何必呢？

所以我勸人讀論語，可以分散讀，卽一章一章地讀；又可以跳着讀，卽先讀自己懂得的，不懂的，且放一旁。你若要精讀深讀，仍該如此讀，把每一章各別分散開來，逐字逐句，用考據訓詁校勘乃及文章之神理氣味，格律聲色，面面俱到地逐一分求，會通合求。明得一字是一字，明得一句是一句，明得一章是一章；且莫先橫梗着一番大道理，一項大題目在胸中，認爲不値得如此細碎去理會。子貢說：回也聞一而知十，賜也聞一以知二。顏淵子貢都是孔門高第弟子，但他們也只一件件，一項項，逐一在孔子處聽受。現在我們不敢希望自己如顏淵，也不敢希望自己是子貢。我們讀論語，也只一章一章地讀，能讀一章懂一章之義理，已很不差了。卽使我們讀兩章懂一章，讀十章懂一章，也已不差。全部論語五百章，我們眞懂得五十章，已儘夠受用。其實照我辦法，只要眞懂得五十章，其餘四百五十章，也就迎刃而解了。

九

朱子注論語有三大長處：一、簡明。古今注說論語之書多矣，獨朱注最爲簡單明白。其次，朱注能深入淺出。初學可以淺讀，成學可以深讀，朱注可以使人終身誦讀不厭。三、朱注於義理、考據、辭章三方面皆優。宋人長於義理，固矣，然朱注於考據訓詁亦極精善，且又長於文理，能於論語之章法、句法、字法體會深微，故論語以朱注爲最勝。

猶憶十七八歲時，偶在家中書架翻得清儒毛西河四書改錯石印小字本，讀之驚喜，不忍釋手，迨黃昏，移就庭外立讀。其書批駁朱注，分類分條，幾於通體無完膚。余時愚陋無知，僅知朱子乃宋代大儒，又知讀論語必兼讀朱注；而毛氏何人，則不知也。又其分類，如有關天文、地理、宮室、衣服之屬，凡所討論，余皆一無所知；讀其書，僅使余知學問之廣大，若另見一新天地之存在而已。

越後讀書漸多，知有所謂漢學宋學之別。又久之，讀書益多，乃知即論考據訓詁，清代治漢學諸儒未必是，朱注亦未必非。其後幾二十年，在北平書肆又購得毛氏四書改錯之大字木刻本，再讀之，乃知毛氏雖博辨，其書實不能如朱注之廣大而精微。回憶少年時初讀此書之心境，不覺恍然自失。

蓋清儒自號治漢學，門戶之見甚深，凡朱注錯誤處，積清儒二百數十年之搜剔抉發，幾於盡加駁正，殆所謂：丘也幸，苟有過，人必知之矣。然亦有朱注正確，清儒存心立異，轉以自陷。時余在北平，見學者羣推劉寶楠論語正義，鄙薄朱注不讀，心知其非；顧一時風氣所趨，亦無法糾挽。

及抗戰時在成都，病中讀朱子語類，一日僅能讀數條而止，倦即放置不讀，亦不讀他書。約半年，讀語類始畢，乃知朱子注論語，於義理亦有錯，並多錯在性與天道等大綱節上。此乃程朱與孔孟學術思想分異所在，亦已多爲清儒所糾彈。然善言義理，仍推朱注，斷非清儒所及。故余數十年來，教人讀論語，仍必教人兼讀朱注。

惟學者治論語，先於朱注立基礎，仍貴能進而多窺諸家之異說。所謂諸家，有遠在朱子之前，更多起於朱子之後。苟非多窺異說，將不知朱注所誤何在，更不知朱注所爲精善獨出於諸家之上者何在。從來解說論語者多矣，幾於每字、每句、每章必有異說。每有異說，亦多在兩三說以上。惟學者治異說，切戒有好異心，切戒有好勝心；貴能平心靜氣，以實事求是之心讀之。每得一異說，於文理文氣上孰當孰否，於考據訓詁上孰得孰失，於義理闡發上孰精孰粗，貴能細心尋求。論語本文，若平淡易簡，然學者能循此求之，一說之外復有一說，眾說紛紜，而各有所見，亦各有所據。正在此等處，可以長聰明、開思悟、聞見日廣、識慮日精。僅於論語一書能如此求之，而義理、考據、辭章三方面之進益，有不知其然而然者。有日新月異、益深益遠、已臻於爲學之上乘而初不自覺者。然治論語之異說，亦不貴貪多，不貴欲速，不貴在限定年月以內，必盡搜論語之異說而徧治之；只貴於朱注外，隨時得一書、獲一說，卽取與朱注對比，通一說卽獲通一說之進益。如此從容緩進，乃爲可貴。

余自來香港，卽有意爲論語作一新解，雖尊朱注而不專守朱注，遇異說勝朱注者，盡改以從。而亦欲仿朱注之力求簡明；力求能深入而淺出；力求於義理、考據、辭章三方兼顧；務求自中學生以上皆能通讀；尤望成學之士讀我注，亦不以爲鄙淺。懷此心已久，屢易稿而皆未愜。三年前在美國，積半年之力獲成初稿；後又再自校讀，前年冬通讀一過。去夏又再讀一過。一再細讀，今已過半，多所改定，今冬當可付印。自問此書，雖不能取朱注而代之，然讀朱注者必當再讀吾書，然後於論語易於有入門益進之望。此則余之志願所在也。

民國五十一年九月在香港新亞書院講

二　再勸讀論語並論讀法

一

朱子注論語，在卷首序說中，引有史記與何氏語，最後復引程子語四條。日前有數位同學手持我著新解來，求我題字。我多錄程子此四條語中「今人不會讀書。如讀論語，未讀時是此等人，讀了後又只是此等人，便是不曾讀。」一條。此條之前一條爲：「讀論語，有讀了全然無事者，有讀了後直有不知手之舞之足之蹈之者。」最後一條爲：「頤自十七八讀論語，當時已曉文義；讀之愈久，但覺意味深長。」程子四條中以上引三條爲更重要。

在本所最近一次月會中，我很欣賞馬同學之報告。可知他已能讀論語；或許他現尚未能領略到論語中之意味深長處，然其用心則頗可取。

馬君提出問題，如：聖人是否可學而致？換言之：聖人學到與學不到，也卽是我們有志學聖人能力足不足的問題。如孟子曰：「人皆可以爲堯舜，是不爲也，非不能也。」依孟子意，似乎我們學聖人，力非不足。但孟子所言有無問題，實値研究。現在大家讀論語，多不在此等處用心。通常只講孔子如何說「仁」、說「天」，孔子哲學思想如何；或贊成，或反對。然此非讀論語之主要所在，究應如何去讀論語？我主張當依程伊川語去讀。

馬同學另一問題：依論語中所講，似乎孔子論語是一種理想主義。當時有人反對，說讀論語應重實踐。但實踐仍必應有理想。如孔子曰：「吾十有五而志于學」究要學一些什麼？此中便是一理想。馬君又說：依孔子講法，似乎無人能達到理想之頂顚。我很欣賞他提出此問題；我甚喜他能如此去讀論語。諸位不可隨便加批評，我現卽就這些問題來略作講述。

二

孔子是一聖人，試看他究達到了頂點沒有？孔子弟子認爲雖堯舜亦難與孔子相比。但孔子「發憤忘食，樂以忘憂，不知老之將至。」在他自己，似乎並未認爲自己已到最高頂點。他只說：「不怨天，不尤人，下學而上達，知我者其天乎！」又說：「吾十有五而志於學，三十而立，四十而不惑，五十而知天命，六十而耳順，七十而從心所欲、不踰矩。」如此一路學上去，但並沒有說七十時便是一最高境界。孔子又說：「默而識之，學而不厭，誨人不倦，何有於我哉！」說：「若聖與仁，則吾豈敢；抑爲之不厭，誨人不倦，則可謂云爾已矣。」此是孔子自說境界，但並未說到此境界後便不能再往前。後人推尊孔子，謂孔子已至聖人之最高境界；後來也無第二人敢以孔子自許。朱注在「三十而立，四十而不惑。」下引程子語：「孔子生而知之也，言亦由學而至，所以勉進後人也。」朱子自注則云：「愚謂聖人生知安行，固無積累之漸，然其心未嘗自謂已至此也。」倘諸位心中並無馬君所提此一問題，此處必然會忽略過。當知此與說孔子之政治哲學、人生哲學、宇宙論、經濟思想、社會主張等種種說法皆不相干。若以這些問題去讀論語，勢必把一部論語零散分割，亦遂不致有程子所謂「有讀了後其中得一兩句喜者，有讀了後知好之者，有讀了後直有不知手之舞之足之蹈之者。」之語。

三

現試看學而篇：「有子曰：信近於義，言可復也。恭近於禮，遠恥辱也。因不失其親，亦可宗也。」此若與任何學問上大題目無關，但若講個人做人、必有人會喜歡此三句。朱注：「因猶依也。」諸位在社會上依靠或接近師友，這卽是因；因則必「親」。但有人是可接近與應接近者，有人則不可及不應接近者，此處必須有分別。朱注：「此言人之言行交際，皆當謹之於始，而慮其所終。不然，則因仍苟且之間，將有不勝其自失之悔者矣。」此處卽是實踐。如何去選擇所應親，自有一套義理或說理想在後面。讀論語若懂得如此讀，自會變爲另一個人。

諸位莫問自己所研究者爲何？皆應一讀論語，懂得「吃緊爲人」。卽是要在做人一事上扣緊。馬君讀書不多，卻能提出甚多問題，所提出者正是屬於「吃緊爲人」方面。中國傳統義理重要正在講「人」，此則並非一項「理論」、「成不成系統」、「合不合邏輯」、或僅是一種「知識」。一部論語，重要教人並不在知識或理論上，如云「君子上達，小人下達。」若諸位要做君子，論語便會教你一番上達之道，但並非在教諸位去知道上古時之政治、社會、經濟等情形。倘使諸位欲知古代之禮，可讀左傳；欲知古代文學，可讀詩經。孔子只講如何做人，但亦未講到人性善惡等，亦未講天是一個什麼等種種大理論。此後如孟荀乃至如宋明理學家皆愛講此等大理論，但皆敬佩孔子，認爲不可及。其實孔子只是「吃緊爲人」。諸位若能從此道路去讀論語，所得必會不同。

四

諸位或許懷疑今日時代不同、社會背景皆已大變，孔子所說是否倘可作爲我們做人之標準？關於此問題，我在新解學而篇注中說：「孔子距今已逾二千五百年，今之爲學，自不能盡同於孔子之時。然卽在今日，仍有時習，仍有朋來，仍有人不能知之一境。在學者內心，仍亦有悅有樂有慍。卽再踰兩千五百年，亦復如是。故知孔子所開示者，乃屬一種通義，不受時限，通於古今，而義無不然，故爲可貴。讀論語者不可不知。」

又如子罕篇：「子曰：勇者不懼。」程子云：「明理自不懼。」我們可把近代心理學，如病態心理、精神分析、或精神治療等道理，來講程子之學。當時有人問程子：爲何總覺迎面有一獅子撲來？程子告之曰：再見其撲來，可急用手抓住。其人歸依其語，一見卽抓，後遂不復有見。又有人目畏尖物，程子告以室中盡置尖物，自知尖不刺人，何畏之有？自程子此二故事中，可知程子實深通心理學。其他類此故事尚多，諸位可自去玩味。程子也隔現代一千年，何嘗是他的話便都過時了。

又如學而篇：「子曰：父在觀其志，父沒觀其行，三年無改於父之道，可謂孝矣。」宋人評曰：若父行是道，子當終身守之毋改；若非道，則何待三年？我在新解中注曰：「其，指子言。父在，子不主事，故惟當觀其志。父沒，子可親事，則當觀其行。道，猶事也。言道，尊父之辭。本章就父子言，則其道其事，皆家事也。如冠婚喪祭之經費，婚姻戚故之饋問，飲食衣服之豐儉，歲時伏臘之常式，子有孝心，不忍遽改其父生時之素風也。或曰：古制：父死，子不遽親政，授政於冢宰，三年不言政事，此所謂三年之喪也。新君在喪禮中，悲戚方殷，無心問政；又因驟承大位，未有親政之經驗，故默爾不言，自不輕改父道。此亦一說。然本章通言父子，似不專指爲君者言。」我自信如此講法較近情理，情理自可通古今，沒有說時代變了，人情事理皆該變。

又如「子曰：唯女子與小人，爲難養也；近之則不孫，遠之則怨。」或「民可使由之，不可以使知之。」此兩條，近人最喜援用來批評孔子。諸位試去讀我新解，我只認定：「孔子所開示者，乃屬一種通義，不受時限，通於古今，而義無不然，若眞能吃緊爲人，則自見古今仍是無大分別。」諸位試去讀上舉兩例，看我講法通也不通。我自認我著新解，也只從吃緊爲人處講。若眞能吃緊爲人，則自見古今仍是無大分別。

五

又如爲政篇：「子曰：吾十有五而志于學，三十而立，四十而不惑，五十而知天命，六十而耳順，七十而從心所欲不踰矩。」

我在新解中注曰：「此章乃孔子自述其一生學之所至，其與年俱進之階程有如此。學者固當循此努力，日就月將，以希優入於聖域。然學者所能用力，亦在志學與立與不惑之三階程。至於知天命以上，則非用力所及，不宜妄有希效。知有此一境，而懸以存諸心中則可，若妄以自己比仿模擬之，則是妄意希天，且流爲鄉愿，爲無忌憚之小人，而不自知矣。學者試返玩學而篇之首章與末章，而循循自勉，庶可漸窺此章之深處。蓋學而篇首末兩章，只從淺處實處啟示，學者可以由此從入。此章雖孔子之自道，無語不實，其中卻儘有深處玄處，無所憑依而妄冀其驟入，則轉成談空說玄，非孔子以平實教人之本意也。孔子又曰：『不怨天，不尤人，下學而上達，知我者其天乎。』義與此章相發。自志學而立而不惑，皆下學也。自此以往，則上達矣。知天命故不怨天，耳順故不尤人。此心直上達天德，故能從心所欲不踰矩，而知我者惟天也。知命耳順，固非學者所易企，而不怨不尤，則爲學者所當勉。行遠自邇，登高自卑，千里之行，起於足下，學者就所能爲而勉爲之，亦無患乎聖學之難窺矣。」

此段可回到前所提出之問題，卽聖人可學，但我們不一定能學到。倘使諸位能以「吃緊爲人」之心情讀此二段話，則自可有大興趣，亦可有大裨益。理想可說無止境，聖人亦無一最後頂點。王陽明曾云：人皆可以爲堯舜，譬諸黃金，成色可以十足，但分量各有不同。人固不易到達最高頂點，然亦不致永居最低下處。此最高與最低處是謂兩端；是非善惡皆比較而見。天堂僅是一理想，從無一人能到了天堂再返回世間，將其經歷告知人們。佛家講「眞俗」亦是兩端。人通常是去惡從善，永居於中段；學聖人只應也如聖人般「下學上達」。人若落至最低處，縱使十惡不赦，如殺人償命，此是「世間法」；但其人臨刑時內心若知「懺悔」，此卽是下學上達。正如佛家所說：臨終一聲南無阿彌陀佛，卽可往生。儒家亦云：「朝聞道，夕死可矣。」此皆是「下學上達」。下學人人可能，只要下學便已在上達路上了。「學而時習之」並不是定要學到最高境界，而是要不停地學，自然日有進步，此即人生大道。若本此觀點言，人皆可以爲堯舜，人與人之間終是平等。但諸位若意欲做一史學家或哲學家等，把此心情去讀論語，將會見得論語並無甚大意義，保不得你眞成一史學家或哲學家；但若要做一個「人」，要做人有長進，把如此心情去讀論語，則自見論語中每一句皆有意義。當知我們每一人之脾氣、感情與性格，乃是與我們最親近者。如知識、學問等，則比較和我們要遠些。吃緊爲人，便要懂得從和我們親近處下手，莫要只注意在疏遠處。故我勸諸位，莫要看輕朱注論語序中，所引程夫子幾段話，應能學而時習，應能下學上達，先要能志於學，只往上不向下。一言一行皆應日求上進。我今日所講，亦是一種「通義」，修己之餘，還可進以教人，諸位宜各勉之。

民國五十二年六月在香港新亞書院講

三 談朱子的論語集注

今天我講的題目是「談朱子的論語集註」。

論語在漢代，和孝經、爾雅等書，同屬小學，是大家的必讀書。到了宋代，理學興起，朱子集其大成。朱子的論語集註，元以後，懸為功令；科舉考試必根據朱註發揮。因此元、明、清三代，七百多年，朱子的論語集註，亦為人人的必讀書。我今天要講的正是朱子的論語集註。

先講朱子寫此書的經過。向例一書寫成，都有序，——或請別人寫，或本人自己寫。但論語集註並沒有序。對其著書原委，未有說明。茲據朱子文集和語類以及年譜約略報告其經過。朱子十二、三歲時，從其父讀論語。其父韋齋先生也是理學家，教朱子讀二程論語說。二程說論語未有專書，只從二程全書中可見他們對論語的說法。朱子十四歲時，韋齋卒。到朱子二十歲，看謝上蔡（良佐）的論語說，開始用紅筆圈，又用靑筆，黃筆，後用黑筆。前後共用四種色筆圈抹。可見他讀論語非常用心。那時朱子是從二程後學之說來上參二程；再從二程之說來上參論語。

到他三十四歲時，寫了兩部書：一爲論語要義，一爲論語訓蒙口義。他自己說，前書之成，先徧求諸儒之說，合而編之，晚親有道，盡刪餘說，獨取先生及其門人、朋友數家之說。待要義既成，以其訓詁略而義理詳，因爲刪錄以成訓蒙口義。

朱子嘗說，讀論語，只當沒有孟子；讀學而第一章，只當沒有爲政第二章。因爲他把各家有關此章的說法滙合來看，參伍比較。讀完前一章，再用同樣方法讀後一章；是以用力大而費時久。等他拜李延平（侗）爲師（所謂「晚親有道」），才感覺到講法應有一個標準。惟二程之說，最爲可信。因此，他這一時期成此論語要義，乃是採取他父親以至李延平意見，從二程門人來參二程；從二程來參論語之一途徑。至於論語訓蒙口義，乃是本注疏以通其訓詁，參釋文以正其音讀，會之於諸老先生之說以發其精微。乃是把思想、義理方面加以刪節，加進了訓詁和音讀。但此二書可惜都失傳了。

朱子在二十幾歲時，師李延平，三十四歲時作論語集義和論語訓蒙口義。到四十三歲時，又把要義一書改寫爲論語精義，後又改爲論語要義；但此是後來的要義，並非三十四歲所成的要義了。過不多時，他又把此書改名爲論語集義。我們只照此幾番書名之改定來作推想，朱子起初推崇二程，因及其門人與同時朋友的講法，滙成要義。後來愈研究愈覺得其中之深趣，故改書名爲精義。但過了一段時候，又覺得他們的說法有些並不很「精」。他說：精義中惟程先生說得確當。所以又改名爲「要義」。此時只認爲其所收諸家之說，亦甚重要，卻不一定都精確。但再過一段時候，他又感到「要義」也有些不很「要」，所以終於復改爲「論語集義」。

朱子開始服膺二程所講，因而徧求之於程門諸弟子，及其同時往來講學諸友。其後對二程門人說法有不滿意，最後對二程說法也有些不滿意，所以把他的書名也只叫作「集義」了。至是，朱子已經五十一歲。而他的論語集註，卻是在四十八歲時寫成。

現在再說論語集註和上三書不同處。上三書只是羅列各家說法來通論語。而論語集註則完全以論語本文爲主，而加以解說。朱子自己說，約精義口義之妙得本旨者爲集註是也。

朱子寫論語集註，同時又寫論語或問。因爲「許多人的講法」，本收於論語精義要義等書者，此刻寫集註，則採取了各家說法的並不多。爲何要取此捨彼？其理由則詳於或問中。朱子自己說，疏其去取之義爲或問是也。我們若能先看論語精義，再看論語集註，然後看論語或問。從朱子寫此數書之經過，便可知道朱子爲學逐步前進的層次。

論語集註可說是朱子一生用功論語最後所得的結果。此書完成以後，大家便只讀他的集註，而忽略了其他兩書。所以朱子常勸人看他的精義，好多研究各家的見解，比較它們的得失，也使自己多啟發。他說：精力強的人，既看精義，又讀集註。如果沒有這分精力，則只看集註便也可以。這因為集註太簡要，故必以集註和精義對看，研究兩書不同所在，然後再去求解於或問，才會明白論語集註的取捨。對於這種讀法，他的好友張南軒（栻）認為每一條注解的是非，人家看了集註，再看精義，自然會發現出中間的好壞，根本用不到再撰或問加以審辨。此書容易引致一種好批評、喜議論的風氣。朱子接受了他此意，或問不再刊行。我們今天見到的或問，只是朱子門人傳抄下來的本子。

朱子大約在三十四歲時即開始從事於論語有關的著作，到四十八歲論語集註寫成，前後花了十四年工夫，但此後還時時改寫。從他文集和語類中看，得知他隨時修改的情形。他五十歲知南康郡，公務繁忙，曾教他高第弟子黃榦讀論語，對各家說法，再加研究，把研究結果告訴他，讓他再加覆審。他說：我在此兩月間，只看兩篇論語。這是他寫給呂東萊（祖謙）的信上說的。五十四歲時，又寫信給人說：我對於論、孟二書，雖然用功一輩子，粗有成就，然今讀之，一、二「大節目」處，仍有謬誤，不時修削，有時隨手又覺病生。六十歲時，又對友人說：我的論語集註，為朋友抄去，印刷成書。但其中尚有不妥當該改的地方。六十一歲時，又說：此書甚恨發表得太早了。他曾用官府的力量，謂此書非定稿，禁人續印。六十七歲時，更說：南康所刻論語集註，雖為成書後的改定本，但仍有許多不愜意處，再待改定。綜上所述，可見朱子四十八歲後尚在不斷修改他的論語集註。

集註既然不斷的修改，或問也當跟著修改，但朱子因爲精力不足，沒有把或問追隨著集註繼續改，於此遂形成集註、或問兩書間有了許多矛盾。或問究竟修改到什麼時候纔停止，我們不得而知，但我們由集註與或問之間的歧義，可以窺見朱子用心的經過。

剛才說過，朱子教人讀集註之後，還要看精義。精義難讀，爲要校量各家短長，不易折衷；集註已有定說，比較易讀。但朱子又教他弟子們切勿輕易去看集註。他說：精義有許多話，集註就不同了，著語不多，一字是一字，有時一字有十字的用處。朱子又告誡學生：不要看某字重要，某字不重要；重要的固然重要，或許仔細看後，不重要的倒反更重要。所以他說集註添不得一個字，減不得一個字。又說不多一個字，不少一個字。朱子又說集註每一個字都如在天平上稱過的，孔子怎麼說，我怎麼註，不輕一點，也不重一點；不高些，不低些。——他對集註的自信又如此強！

說不定我們今天所見的論語集註，大部分早已不是朱子四十八歲前的原作。最重要的是：朱子起初推崇二程，可是當撰作集註時，見解早已多與二程不同。他說：程先生講經，理在解語內；他寫論語集註，理皆在經內。可見二程所解，不免有不得論語本文之本意者。朱子曾批評郭象注莊子，說的是他自己，未說中莊子。他的論語集註所采引，必是妙得論語本旨者。集註於正文下，先解說字訓、文義，與聖經之本義，諸家說明白切當者，引用不沒其名。在每條註下多加有○，○下又有一些話。○下的與句下的注不同。句下之註，乃註解論語本文。放在〇下的，則有兩種情形：一是通論一章大義的；一是因其非論語之本義正義，而別爲一種引申義、發明義。可以推廣本文原義，卻與原義不同；此不得爲是論語之本義，故引置於〇下。今檢集註，統計它引用二程語，十分七八都放在〇下。這可證明朱子認爲二程之說，非經「天平稱過」，非與孔子原語意義一致。〇下又有「按」，這是朱子覆按那些〇下所引的話。諸位當知，朱子一生崇拜二程，後人也認他屬於二程一脈的學統；故合稱之爲「程、朱」。但在論語集註中，二程語多半放在圈下。如再把二程遺書中所有說論語的各條抄出，會發現很多爲朱子所遺棄。卽在圈下亦不予稱引的。此乃與朱子起先由二程之說來探究孔孟思想的途徑大有不同了。西方人說：「吾愛吾師，吾尤愛眞理！」朱子的治學精神，實亦如此！

又集註圈下往往引用兩、三人的說法，因爲各家所說不同，相似而少異，正可相資。又有的其說全別；未定孰是，則倂存之，以待讀者自己審擇。惟兩說倂存，在朱子意中總是前說較勝於後說。如此之類，照理應在集註有一個「例言」，把他編撰之意加以說明，可惜朱子沒有作。後人讀集註，看似易，實不易。這也難怪。在朱子化了畢生幾十年工夫的結晶，直到死前一年幾月之內，還不斷在修改，如此般的偉著，其用意深微處，自然遽難通曉。

現代學者，承接淸儒，有所謂漢學宋學義理考據之劃分。依我愚見，講明義理，亦有待於考證。如論語集義，集二程、橫渠、上蔡以下許多家的說法，就其中酌取一家之言，奉爲定論，這也就有考據工夫。博考前說，取其義理深長的爲註，這卽是說：從事考據，正所以爲義理；而講明義理，亦不得脫離考據。

我們只知朱子在易簀前三天改定了大學誠意章之注，可是沒有人知道他怎樣改，未改以前舊注如何。我所知道的，只有淸儒江永曾考出大學誠意章根本沒有改，只是改了誠意章前欲正其心者先誠其意注下三個字。此一段考據極爲明確，載在近思錄集注附錄考訂朱子世家一篇的裏面。但在看重宋儒義理的學者，傳刻江注近思錄，卻將此篇附錄刪去，至於專心喜好考據之學的，連近思錄也懶得看。於是變得治考據者絕不談義理，談義理者絕不治考據。此兩途合則兼美，分則各缺，誠是可惜。我曾根據江氏所考來思索朱子在易簀前所以改三字之用意，卻又久思不獲。後來再細讀語類，載有朱子關於大學誠意章所注答問的好幾條。有些學生說朱子大學誠意章注錯了。朱子起初斥責他們粗心，看得不透徹。到晚上仔細一想，卻認自己注語確實比較大學原文講深了一層；他承認學生質疑有理。再把現在大學章句與語類相較，始知朱子大學誠意章確曾改過，只是其事尚在前，那時忘卻把前面欲正其心者先誠其意下注語一幷改，直到易簀前三天把來再改。而所以要改的意義，也就懂得了。所以不讀集義，不讀精義，不讀或問，就不容易懂得集註，而更緊要則在讀語類。讀了語類，始知集註之幾經改定，及其所以要改之意義。讀古人書，讀本文，不易明白，因此有注，有疏。注是注的本文；疏是疏的注。因此我想論語集註最好也有一「疏」；更好是用朱子的話來自疏其集註。語類所集，始於朱子四十四歲以後，絕大部分是在其論語集註成書以後，他的學生根據二程及其他人說論語與朱子不同處發問，見於語類中甚多。我們援據語類，再來查考集註，就知道朱子集註屢有改定。語類各條，多數有年代可考，便可知朱子修改集註某一條在某一年，瞭如指掌。而且朱子所以要改的意義與理由，也在語類中明白說出了。

朱子修改集註，有時某一條改了一遍，又改一遍，甚至有改過三遍、四遍的，孟子集註中也有此例。今天這樣說，明天那樣說，而且細處、大處，一樣不苟且，一樣不憚煩。當時陸象山因而看不起朱子，說治學應先「務其大者」，不應該那麼支離。其實，這正是朱子的偉大處。今日格一物，明日格一物，一旦豁然貫通，在許多說孔孟大義的學者中，我們不能不承認只有他說中了最多。

語孟集註中，其實承用二程說並不多，並多與二程持異處，已在上面說過。但朱子爲何畢生推崇二程，這裏也該說一說。二程年輕時，曾見周子敦頤，周子教他兄弟去尋孔顏樂處，這是理學興起一條主要命脈。從前人讀論語，並未在此等處注重，因亦不向此等處去推闡。朱子初見李延平，他的學問已有相當基礎。延平告訴他兩點：第一、教他應在日常生活注意；第二、教他多讀聖賢經書，把經書中所說道理來與自己日常生活配合。這兩點也就是周子告訴二程「尋孔顏樂處」之意。朱子接受了這兩點，受用終身。論語中「飯疏食，飲水，曲肱而枕之，樂亦在其中矣」和「一簞食，一瓢飲，在陋巷，人不堪其憂，回也不改其樂」，這兩章之涵義，顯然是超乎訓詁之上的。專用訓詁，說不出此兩章之精義。朱子講論語，實是開了一條新路。我們要學孔子、顏淵，此兩章不可不注意。孔、顏樂處，人人能學，但也最爲難學；因須從日常生活中去學。此兩章也不是「格言」之類，而是眞實人生的一面，人人應當探求遵守，然又何須乎訓詁？

論語有「四子言志」章。子路、冉有、公西華都有出人的抱負，只有曾晳說：「暮春者，春服既成，冠者五六人，童子六七人。浴乎沂，風乎舞雩，詠而歸。」而孔子獨贊成曾晳，「喟然而嘆：吾與點也。」我敢斷言，從漢至宋，沒有人注意到此章，他們的眼光只集中在仁義道德、治國平天下上面去，直到程明道纔說曾點便是堯舜氣象。從此「與點」一義，屢屢掛在宋明學者的口頭，屢屢存在宋明學者的心頭。直到淸人金聖嘆，他取名「聖嘆」，卽因想慕孔子「喟然而嘆」之意而來。這處應問孔子何以獨與曾點，何以喟然而嘆？這中間的道理，卻又用不上考據工夫。專來考據，考不出中間深義。像「浴乎沂」，曲阜三月天氣能否「浴」於田野之水中；此處考據無關大旨。只有明道要用心體會出此章之深義。朱子認爲二程講回也不改其樂，講吾與點也，還沒有講到恰好處，所以花費著很大工夫來作注。關於與點一章，注了又注，改了又改，在語類中還可考見。想朱子自己認爲在小節處自己有不同意二程說法的，但在大端處，還是跟著二程前進，所以終生推尊二程不改口，試問這是何等的胸襟？

二程和朱子講學，不可否認的，他們也曾受到禪宗影響，但不能說程朱就是禪學。他們儘發揮孔顏樂處以及吾與點也之意，他們究竟不會把孔門的政治抱負看輕了。只是從人生日常生活以及其情趣方面多有闡發，這些處縱說是多少受了禪宗影響，但那能把程朱理學和佛家禪宗幷爲一談？

最後我希望學會同人研究孔孟學說，應先用心細讀論語孟子，讀論孟必由朱註入手。更希望：讀朱子的論語集註，對於朱子所下的解說，切勿粗略看過。更望進一步有人能用語類和集註比讀，試將語類中有關材料分條繫屬於集註之下，撰作「論語集註疏」一書，那更有益於後來讀者之研尋。

朱子後學在此方面的著作也是有，如通志堂經解所收趙順孫四書纂疏即是一例。但朱子的後學者們，似乎不能追步朱子，擺開了考據來講義理。因此在義理方面，終亦講不到精處。如趙氏纂疏，因朱子自言論孟或問乃未定之書，因此不敢用或問，只取其與集註同者疏於各條之下。但或問與集註異，正可見朱子思想改變，其所認義理更進一層；其異同處更値得留心。再如趙疏引用語類，也只用其與集註同者。而於語類中先後辨難，朱子自己思想之轉變痕迹，其講究義理之由淺入深處，亦不見於疏中。更可異者，如朱子在易簀前改定了大學誠意注三字，趙疏卻依然用了其未改以前之三字，似乎並未知朱子易簀前有此改定，豈不可異？即此正可證江氏之所考得。又如朱子誠意章注，朱子與他學生們幾番辯論，趙疏皆不收。則朱子所以先後改了誠意章，後來又要改上面這三字之意，全不易見了。因此可見，我們後來若眞有人要爲朱子論語集註作一新疏，其事亦絕不易。非於義理眞能精究到深處，則此等考據工夫實亦無從下手也。

民國五十六年十一月在臺北孔孟學會講

四　漫談論語新解

我開始寫新解，是在民國四十一年之春末。那時學校在桂林街；我開始講論語一課，講堂上有許多旁聽的，此刻我們圖書館館長沈燕謀老先生也是其中之一。沈先生携有一本美國新出版某氏的論語譯本作參考。他說：他將逐條筆記下我所講與此譯本不同處，將來彙齊寄與原譯人資其改正。但聽過幾月，沈先生的筆記停了。他說：相異處太多，除非從頭另譯。我爲此，打動了我作新解的念頭。

普通讀論語，總是讀朱注。但朱子集注成書，距今已過七百年，有些我們應該用現時代的語言和觀念來爲論語作新解，好使人讀了親切有味，易於體會，此其一。淸代漢學盛興，校勘訓詁考據各方面，超越前代甚遠，朱注誤處經改正的也不少，我們不應仍墨守朱注，此其二。各家改訂朱注，亦復異說紛歧，我們應折衷調和以歸一是，此其三。我立意作新解，主要用心，不外此三點。

我刻意想寫一通俗本，用最淺近的白話來寫，好使初中以上學生人人能讀。爲求簡要，把漢學家繁稱博引的舊格套擺脫了——雖亦博綜諸家，兼采羣說，但只把結論寫出，沒有枝葉煩瑣。我又模仿西方人繙譯新舊約，把論語各章全用白話繙出，好使讀者看了一目瞭然，再無疑義。這是我寫新解的體例。先列論語原文，其次逐字逐句分釋，又其次總述一章大義，最後是論語本文的白話繙譯。

王貫之先生知道我草創新解，每兩週便來把我寫出的幾章要去，分期刊載在他主編的人生雜誌上。但我寫了些時便停止了，一則沒有整段的閒暇供我撰寫，時作時輟，精力浪費，亦甚苦痛；二則我開始感到此書要力求通俗，也有弊病：遇義理精微處，定要用通俗白話來寫，勢難簡潔，而且亦勢難恰當；文字冗長，反不能開人思路，引人入勝；又不能把精微處扼要確切地表達。我想不如改用平易淺近的文言，收效會更好些。好在能讀論語，其人瞭解文字之水準，必有相當基礎，我不應在力求通俗上著意。因此我想待把捉得一段假期清閒，竟體改寫。這一擱卻擱下幾年，我的冗雜有增無減，始終沒有一段清閒的假期。

直到民國四十九年，我有機會去美國，在耶魯講學半年。我事先計劃，這半年，或許能使我繼續撰寫論語新解，但事前沒有把握。我想若不能繼續此一工作，我正好乘此機會學習說英語和看英文書。

我在一月廿六日抵達新港，隔一日，廿八日，正是陰曆除夕，但在國外，全沒有過年氣氛，我和內人當天上街去逛書舖，選到一本現代歷史哲學的論文選集，我匆匆看其序文和目錄，深感興趣，便買了；在二月六日上午開始閱讀，八日開始授課，在十分冗忙不安定的生活中，到二月二十日，把那本現代歷史哲學讀完了。我又續看西方哲學書，從頭順着次序擇要閱覽。又到書舖買了蘇格拉底和柏拉圖兩集，絡續翻看。但我感到生活已逐漸上軌道，與其當小學生學讀西書，還不如改變計劃完成我的論語新解，對己對人，或許較有意義，較有貢獻。如此心中往返打算，終於把這一問題決定下來。從三月一日起，把閱讀西書的計劃全放棄了，來繼續論語新解的撰述。

論語全書二十篇，共四百九十八章。我先計算：儻每天能最低限度寫出新解六章，每週以五天計；因週末和星期日，一則多應酬，二則我要撥出時間出門到處遊覽。如是每一月作四星期算，每星期作五天算，每天寫新解六章，一月當可寫出新解一百二十章。我預計在新港尚有四個月停留，到六月底，豈不把全部工作可告一結束了！但我又怕事先預定，並不能如此般樂觀；因把在四十一年所成舊稿共一百零二章，儘快先校讀一過，略事修改，卽直從第一百零三章開始。如是一面可以逐漸集中精神，把我的興趣和注意力引起一頭緒，一面又可減輕我工作份量四份之一，那就準不致有失敗。

我在三月一號和二號兩天，打開舊稿，一面讀，一面改，儘兩日夜之力，把此一百零二章約略改過。三月三日起，正式繼續寫新稿。那天正逢大雪，竟日徹夜沒有停。我已整整十二個年頭沒見過下雪了——只有民國四十三年在日本東京臨走前的一下午，寒雨中夾着下過些微薄雪片——今天見此大雪，心情十分愉快。窗外隔一馬路，是一大停車場，到薄暮時分，近百輛汽車全沒入大雪堆裏去；近窗有兩枝矮樹，到深夜也全給大雪淹沒了。自晨至夜，門外冷清清沒見人過；我夜間，學校本有兩堂課，也藉此告了假。那是我開始寫此新稿，最值得紀念的第一天。

那天，我上午寫成新解六章，下午續成四章，夜後又續成一章，一整天共得十一章；已超出我預定計劃幾乎一倍。此後我在日記裏，把每天所寫新解，上午幾章，下午幾章，夜幾章，必詳細記下；每週一結算，本週共寫新解幾章，來督促我自己莫把此工作懈怠了。自然也有一天寫不到六章的，也有整整一天或連續幾天不寫的。但我越往後，精神越集中，時間安排越能活潑有條理。有因當天有事，趕一清晨，在早餐前寫出一兩章；有因應酬，或出門遊覽，而歸後尚有餘力熬一深夜，補寫上一兩章的。最多的一週，寫過六十二章；最少的一週，只寫九章。到五月二十八日起程去哈佛，我已只賸堯曰一篇，但無論如何是趕不完了。待哈佛歸來，在六月十三那天，算把堯曰篇也補完了。但我把上論鄉黨一篇跳過沒有解；十四日起，再補解鄉黨篇，到十八日竟體完畢。合計新舊稿共得一千四十三頁。以篇幅計，當得二十五萬字；在新港所成，當合二十萬字。實算字數，全部應該不超出二十萬字；新港所成，約合十五萬字上下。幸而我的全稿到此完成，此下在離新港前，又是一大段忙亂，實也再無從下筆了。

我在七月一號離新港，漫遊美國東西部，又去加拿大，再赴歐洲，於十月上旬，改變了全部遊程，逕返香港。我早知道一返香港，生活又會冗雜；因此只有將新解的全部初稿，在美國一氣趕成，留待返港後再零碎絡續修訂。

我在是年十一月，卜居沙田，地僻較閒，到寒假，又把新解全稿拿出再整理。我寫新解，雖說是義理考據辭章三方兼顧，主要自以解釋義理爲重。雖說不墨守朱注，主要還是以朱注爲重。我此次補訂，先把朱子語類關於論語的幾卷，逋體細讀一過；因語類在朱子注論語以後，有些處和他初注論語時見解有不同。有些見解不斷有改變，但可惜有許多重要異同，不能放進我的新解裏面去。這是爲著書體例所限。我爲論語作新解，只重在解釋論語原文之本義；其引伸義，發揮義，相通義，乃及其他問題，並非不重要，但不能闌入我新解中。我逢初稿應修改處逐條修改以外；其餘意見，曾寫了一篇從論語朱注論孔孟程朱思想異同一篇，刊載在美出版的清華學報上。

我讀完朱子語類論語之部，將我新解有關各章，再有所修改外；又將我新解全稿，逐篇逐章細讀一過。覺得我全稿前後文體尙有不純，尤其是最先完成的一百零二章，在美國只匆匆修改了兩天，顯與此下文體有不類。而一百零二章以下之最先幾十章，其文體也和前一百零二章較近。較後則文體較為簡淨，因此又把全稿的前半部在文字上多加了一番删潤。

據我經驗，著作草創固不易，而成稿後要自己修改則更難。因人有成見，總認為自己寫的又對又好，要發見自己的不對不好處，豈是容易之事！只有一法，且把自己成稿暫擱下，待時久淡忘，再取來，如看別人著作般平心細讀，庶可發現出自己一些毛病。我自將新解全稿通體閱讀一過之後，又把來擱在一旁，約摸過了半年多，我想再讀一過。此次再讀，我把王船山的四書大全說中論語的一部分先讀，因船山闡說義理，頗有能超出宋明儒之外的，而又為此下清儒所未見。但可惜我讀船山四書大全說也如讀朱子語類般，所獲許多意見無法揷進我新解中，我只逢可修改處修改一些。我又乘興讀了船山四書大全說中孟子大學中庸之部，寫了一篇王船山的孟子性善義，刊載在香港大學金禧典禮東方文化研究所之論文集。

如是我又把新解全稿擱置。適逢楊聯陞先生自美國哈佛來，我在新港時，他早知道我在寫此稿，我到哈佛也曾和他暢談過；因此把全稿請他在旅館中為我看一遍，遇有意見，我囑他批注在眉端。那是去年四月五月間事。楊先生自香港去日本，我開一書單，託他在日本代買幾部日本學者的論語注作參考。楊先生把書寄來了，正值暑假忙過了一陣，我又想再把我的新解全稿細細再讀一過。其時已値八月下旬，我把家中書房和客廳對調了一下，書房擴大了，我好靜下做工夫。那知九月一日大颶風來了，沙田受災最重；我家大門吹開了，大門旁的新客廳，風雨縱橫，受打擊最重，新書房的屋頂也掀破了，大雨直注，我冒着險，從走廊衝進書房，把我的新解全稿搶救了。幸而我事前把客廳和書房對調布置過；否則若我原先把此稿放在舊書房，可能風吹漫天飛，全散失了；可能雨打成爛紙，鋼筆原稿和原子筆的改稿，全模糊不易辨認了。

經此颶風爲災，我家搬下樓去，在別院住，我放一大書桌在樓上原來臥室中，桌上只放我新解全稿，及從日本買來的幾部新的參考書；我只要不到學校辦公，便一人踱上樓，靜心做我對此稿最後一次的校閱。這是我三年前離開新港後，又一次意外獲得了一個好環境。至今回想，四十九年三月三日在新港的大雪，五十一年九月一日在沙田的大颶風，和我從事撰著此書先後結不解緣，正好遙相映照，留作我私人的一番回想和紀念。

我從日本買回來的三部書，第一部是伊籐仁齋的論語古義，第二部是物茂卿的論語徵，第三部是安井息軒的論語集說。這三部書，正好代表著日本學者治論語學的三階段。東瀛學風，本和我大陸息息相通。伊籐仁齋的書，篤守程朱理學家言。物茂卿的書，則相當於我們自王船山下至毛奇齡與戴東原，有意批駁宋儒，力創新義。到安井息軒則受淸代乾嘉以下漢學家影響，實事求是，在訓詁考據上用力，而重返到漢唐注疏古學上去。我按着三書先後次序，逐章分看，正如把朱注論語下到近代此數百年來中國學術界漢宋之爭的舊公案，從新在心頭溫一遍。我如此般讀過一章之後，在我心中對此一章自然會浮現出一番見解來。然後我再把自己原稿翻出再讀，有的是我此刻心上所浮現出的新見解，和原稿見解還是相同，那就算把我原稿通過了；也有的是新舊見解大體相近，只要在字句上稍加增刪便過去；也有時發現我原稿見解，或許因當時參考材料出此三書之外，或許我當時思索較之當前更細密，更周詳，而認爲原稿意見實是勝過了我此刻的意見的，那眞是一番喜悅，而且是喜出意外似的叫我高興；但也有時，我發覺原稿舊見解和我此刻的新見解正處在相反之兩端，那就爲難了，不得不爲此一章從頭再作深思。本來論語儘多異解，我以前是主從甲說的，現在又想從乙說，其間取捨抉擇，煞是不易。有的經過內心私下再三思辨，終於捨棄了舊見解改從新見解了。亦有的經過再三思辨，終於決定仍從舊見解，而放棄了新見解。但也有已從新解，再經幾天思考，又改從舊說的。也有已留舊說，再經幾天思考，又改從新見的。也有幾章，在自己新舊見解衝突，異說分歧，十分難解之際，而忽然悟出一番新義，自謂能超出以往舊見，更有新得的，那又是一番喜出意外的喜悅。直從九月十日到十一月，那三個月中，我常一人，或半天，或全天，獨坐空樓，已涼天氣未寒時，下簾寂寂，至今回味，仍感到樂趣無窮。

到十二月，破樓修理完竣，我們把家再遷回樓居，但那時我的新解全稿，早已校讀完畢了。照理，我該可把全稿付排了。但我想，此稿付排，我仍有最後一次的校字工作可做，或許到那時又可能發現幾許錯誤應改正處。若此刻即去付排，我正滿懷歡喜，怕不易發現自己錯處。因此決定將此稿再壓幾個月，待我對此稿的心情冷一些。在五十二年暑假前開始發排，果然，仍發覺有許多文字義理未妥須修改。中間我去臺北一個半月，此稿的排樣亦郵寄臺北去。這一個半月，臺北天氣極熱，我在旅居生活中，又極忙亂；但校此稿，又有兩章，徹頭徹尾改動了。直至此刻，全稿已校過十分之八，尚餘十分之二未校；但因前面改動，牽涉到後面，至少後面有一章未校的，臨校時，我將添進兩句，而此兩句則是頗關重要的。默計全稿，我在此次最後校字時，又已改動了十章左右。可見過些時，說不定，又會發現需改動處。但對此稿，我總算已盡我心力；一待正式出版，我想再要由我自己來發現錯誤，其事當更不易，則只有希望讀我書的人多了，自會有好意見絡續來告訴我，我且留待此稿再版三版時，再有所訂正吧！

以上敍述論語新解完成之經過，以下略告讀者所應注意之一點。去年我寫論語讀法，已將讀論語應注意處約略提及；此下則專就一點言。

王貫之先生知道我新解已付排，他來要一份清樣，他說將擇要分期刊載於人生雜誌，爲吾書作介紹。我想書已付排，出版在即，何必再浪費人生寶貴之篇幅！但貫之意極誠，來索再三，不得不應。待人生各期把新解擇錄刊出，我也按期翻閱，一面心佩貫之作事不苟，所摘錄的確也化了一番心。但另一方面，我卻別有感想，便是此下所欲申述者。

一般人總愛說儒家思想或孔子哲學，當然論語是關於此方面一部最重要的書。但我常感到中國思想，其從入之途及其表達方法，總與西方的有不同。西方一位大哲學家的思想，總見其有線索，有條理，有系統，有組織。他們提出一問題，關於其所用之名辭與觀念，必先有一番明確的界說；他們討論此問題，千廻百折，必有一項明確的結論。讀中國書便不然。卽如論語，頗不見孔子有提出問題，反復思辨，而獲得結論的痕迹。若我們依着研究西方哲學的心習來向論語中尋求，往往會失望。

讀論語的，都認爲孔子思想主要在講仁與禮。但孔子對此兩名辭根本不見有何明確的界說。直要待朱子作注，才爲此兩名辭定下界說來。朱子說：仁者，愛之理，心之德。又說：禮者，天理之節文，人事之儀則。朱子是經千錘百鍊而始定下此兩個界說的，朱子所定下的界說，雖非無當於論語原文之本義，然而朱注所下界說，實比論語本文使讀者有更難體會之苦痛。若我們眞要把此愛之理，心之德；天理之節文，人事之儀則十六字，細細咀嚼，便會發覺其中比論語本文所論遠爲深廣。由此十六字，可以引生出更多問題。而此等問題，在我們讀論語時，實暫可不必理會。而且若非細讀朱子書，對此十六字之內涵意義，亦實難確切瞭解。我們爲一書作注，其用意本爲使讀者對我所注書之本文增加其簡易明白之感；而朱注則有時卻似爲論語增添出許多晦澀艱深反而難理解處。要之在宋代理學盛行時，不能無朱注。在我們此時，時代變了，則不能不在朱注外來另作一新注。

我們若要問：論語中對仁字禮字，究竟提出了何項問題，獲得了何項結論？那就更糢糊了。似乎孔子平日講仁講禮，根本上沒有提出什麼問題，因而也不見有什麼結論之獲得。我們讀論語，每章每句，都像是一種結論。試問在西方一個思想家，那有如此輕易獲得結論的？如此般的思想，又那得成爲一套哲學的思想？

但上面這許多話，其實對論語是無傷的。我們把研究西方人哲學思想的頭腦來研究論語，則每易於論語中提出許多不成問題的問題來。主要在於東西雙方思想從入之途不同，因而其表達方法也不同。讀論語，應該依照孔子的思路來讀，才能於孔子有瞭解。今試問孔子思想究從何路入？這一問題，其實在論語裏是表現得明白可見的。思想從入之路不同，因此其表達方法也不同。孔子思想之表達方法，也卽在論語裏明白可見。因此我們只該從論語本書來瞭解孔子思想，不該先自束縛在西方哲學之格套中來尋求。

讓我們從最淺顯處看，論語中孔子論仁，有許多話只是就人就事論。孔子只就人與事來論仁，並不見有超越了人與事而另提出一套近似於哲學玄思的仁的問題來。如云殷有三仁，微子箕子比干。又說，伯夷叔齊求仁而得仁。又說：管仲相桓公，九合諸侯，不以兵車，一匡天下，民到于今受其賜，卽是管仲之仁。又有人問管仲，孔子說：人也，奪伯氏駢邑三百，飯疏食，沒齒無怨言。本章人字，亦有人說卽是仁字。又如說令尹子文是忠不是仁，陳文子是淸不是仁，子路冉求公西赤皆不得爲仁。宰我欲短喪，是不仁。凡此之類，皆專指某一人而分辨其仁與不仁。今若問何以微子箕子比干伯夷叔齊管仲都是仁？何以令尹子文陳文子子路冉求公西赤宰我都不得謂是仁？我們要在此等處硏究，便知對此諸人，至少該略有所知，不能說此等處只是孔子在批評人物，與其哲學思想無關，可以擱置不理。

又如孔子答弟子問仁，告顏淵則曰克己復禮爲仁；告仲弓則曰出門如見大賓，使民如臨大祭，己所不欲，勿施於人，在家無怨，在邦無怨爲仁；告司馬牛則曰仁者其言也訒；告樊遲，則曰仁者先難而後獲。又曰：仁者愛人。又曰：仁者居處恭，執事敬，與人忠。告子張則曰能行恭寬信敏惠五者爲仁；告子貢，則曰居是邦，事其大夫之賢者，友其士之仁者爲仁。這些處，都是說如此行事乃爲仁；不如此行事，則非仁，或不是仁。就事而論，也如就人而論，義實相通，無大分別。在行事之背後必然有一人，孔子批評人，也只就其行事而批評。在此處，可見我們要瞭解孔子仁字眞義，應該從那許多行事上去體會。如我亦能愛人，亦能居處恭，執事敬，那我也可依稀彷彿想像到孔子敎人以此仁字的一番體段與境界。

又如孔子平日論仁，說：能好人能惡人爲仁；仁者樂山；仁者靜；仁者壽；仁者己欲立而立人，己欲達而達人；仁者不憂。又說：剛毅木訥近仁；克伐怨欲不行，不得卽以爲是仁。又說：仁能守之。又曰：巧言令色鮮矣仁。此等亦都是就事而論；只不是具體專指某一事而已。由上可知，我們總不能捨卻人生實際行事來求瞭解孔子這許多話，乃及其所提仁字之涵義。

以上專舉仁字言，若禮字則不用更多舉。如何行事始是禮，如何行事卽非禮；何人算能知禮守禮，何人便是不知禮不守禮。凡屬論語中講禮處，全從具體的實人實事來講，更是顯而易知。

我們再從此推說，便知全部論語，多是在講具體的實人和實事。若忽略了論語中所討論到的具體的實人實事，則全部論語所賸無幾。我們儘可說，全部論語都爲討論這些具體的實人實事所包括了。因此我們可以說，中國儒家思想主要是在具體的人和事，而孔子論語則爲此下儒家思想之大本源所在。卽如宋明儒言義理，其實也只緊扣於具體的人和事上而來討論其義理之所在。若抽離了具體的人和事，超越了具體的人和事，憑空來討論思索，那便近於西方哲學思想的格套。

因此，我們可以說：中國思想，尤其是儒家思想，主要是從具體的實人實事上思入的。及其表達出來，亦仍大體不脫離於具體的實人實事。先秦如是，漢唐諸儒亦如是。後來宋明理學家言，大體還是如是；而大本大原則在孔子之論語。

我們若明白此意來讀論語，自應更多注意到論語中所提到的許多具體的實人實事，卻不應憑空思索去求瞭解。因此講求孔子思想，不宜脫離人事。我們自己思想，若要遵從孔子道路，也該從具體人事作出發點。近人都已說中國思想是一種人文思想，也便是此意了。

正因爲如此，所以讀論語，若在解說義理或思想上有爭辨，勢必牽涉到考據。考據工夫，正爲要確切明白得論語中那些實際的人事；此乃孔子思想及其所指示的義理之具體背境與主要對象。清儒刻意要來反對朱子的論語注，最先也是在義理上爭辨，但精而求之，便不得不轉入於考據。此亦是一種大勢所趨，自然會走上這條路。其實朱注論語也何嘗不經一種考據。如今硬要把義理分作兩項，認爲考據便無當於義理，那就又是一條差路，不可不辨。

現在再進一步說：既然孔子的思想和義理，都扣緊在人事上，因此讀論語，也並不能專注意仁字禮字等許多字眼。換言之：論語中凡牽涉到具體人和事的，都有義理寓乎其間，都是孔子思想之著精神處。要懂得如此平舖用心，逐章逐句去讀論語之全部，才見孔子思想也有線索，有條理，有系統，有組織；只是其線索條理系統組織與西方哲學有不同。

因此我的論語新解，逐章逐句逐字都要解，任何一字一句一章都不敢輕易放過。我作新解的用意，只在求能幫助讀者獲得些方便去瞭解論語本文；並不是要自創一說，或自成一家言。離開了論語原文，我的新解便更無少許剩餘的獨立價值可言，那便是我的成功，那便是我作新解時所要到達的一個理想境界。當然我知道我還未能到達此境界；尤其在每一章後綜述大意，總難免有浮辭刪削未盡之感，但我總算是向此理想而努力的。

其實我此一種解論語的方法；乃完全遵依朱子成法。從來注論語，善言義理，亦莫過於朱子。但朱注中的剩餘獨立價值仍嫌太豐富。此亦不得怪朱子，因朱子時代，乃是一個理學盛行的時代。朱子之學，近承二程，乃由二程而追溯到孔孟。遇二程立說有與孔孟分歧處，好像朱子總不肯完全拋開二程來直解孔孟；其注論語，如獲罪於天，如性相近，如孝弟爲仁之本諸條，本是極平易，而解成極艱深。又如吾與點也一語，本可不煩多解，而朱注化去了近四百字，發揮出一番大理論。後儒從此等處來批駁朱注是應該的。但朱注終是善言義理。朱子之善言義理，並不在乎此等憑空獨標新義處，也不在我上舉如其解仁字禮字十六字之千錘百鍊處；朱注之所以爲善言義理者，則在其凡遇論語所及實人實事，其中所涵義理，朱子最能闡發得細膩而熨貼。但朱子終是帶有宋代理學一番極濃厚的氣息，我不是說宋代理學無當於孔孟原意，我之作新解，乃是要沖淡宋代理學氣息來直白作解，好讓不研究宋代理學的人也能直白瞭解論語，由此再研究到宋代理學，便可以迎刃而解，更易契悟。

朱注對論語所牽涉到的實人實事，也有些處考據不及清儒之細密，因此其所闡發的內涵義理也便不免有差失。但清儒說論語，究竟太求在考據上見長，而忽略了論語本文中所涵之義理。因此讀清儒說論語，乃只見有考據，不見有義理，既近買櫝還珠之誚，亦陷於歧途亡羊之失。

論語中最難讀者，有些處，雖亦是實人實事，而考據工夫則用不上；因此其內涵義理亦更難把捉。臆測無準，異解歧說，多由此而起。我上半篇自述作新解，有改了再改，終難決奪的，亦以此等處爲多。

今試舉數例略說之。如射不主皮章，此顯屬一實事，古注及清儒，都注意在考據上；惟朱子獨側重在義理上，再從義理來另作考據，遂使朱注對此一章獨爲卓越。又如魯人爲長府章，此又屬一實事。孔子盛讚閔子騫言必有中，可見此章中，必涵有一番義理；但朱子未曾將魯人爲長府一事細考，則注文所闡發，近是望文生義，有類臆測。而清儒所以勝過朱注，有不可不加意採納者，則多在此等處。又如闕黨童子將命章，究竟是孔子使此童子將命，抑是闕黨之他人使此童子將命？此屬一瑣事，無從考據。但孔子使此童子將命，與闕黨之他人使此童子將命，事終有別。事不同，而事中所蘊義理亦不同。故要闡述本章義理，勢必先肯定本章之事實。朱注說此章，乃肯定其爲孔子使此童子將命，本此而闡說，其所說義理自佳。後儒遵朱注再加發揮的亦有。然亦有異說，認爲乃闕黨他人使此童子將命。所以持此異說，亦有其一番理由。於是爲求解說此章之眞義，乃不得不由作注者胸中自有一番義理來作抉擇。此章雖屬小節，然他章有不是小節而與此章類似的，那就更費斟酌了。

又如子路問成人章，孔子意究謂是須兼有臧武仲孟公綽卞莊子冉求此四人之長，而再加以禮樂之文，而始可以謂之成人否？朱注是如此說。然或說則從下文亦可以爲成人之「亦可以」三字，謂可見只具一人之長已足，不是要兼四人之長。但朱注亦未嘗不注意到此「亦可以」三字；故曰亦之爲言，非其至者，若論其至，則非聖人不足以語此。此章實極關大義，非童子將命章可比。然欲定此章之眞義，考據訓詁之爲用皆有限，非作注者自有一番義理作抉擇不可。朱注之所以獨出古今者正在此。由此可知我們固是要讀論語來通義理，但亦要通了義理再來讀論語。讀了論語再來讀羣書，此是初學者的門路如此。但又要讀了羣書再來讀論語，此則是成學者之所當務。此層尤不可不知。

故知讀論語，每章各有一番義理可尋，不得謂遇孔子論仁論禮諸章始有義理，其他各章可以擱置不問。而每章儘多異說，多見一異說，卽多觸發自己一番義理見解，切不當曖昧姝姝於一先生之言。但異說終當定於一是，此所謂一是，卽指論語原文之本義言。求論語本義，則主要須用考據訓詁功夫，否則儘說得義理高明，卻可與論語本義有背。然亦有時，考據訓詁無可用，非用讀者自己識見不可。否則終無以通論語之本義。故讀論語，有易讀處，有難讀處，學者貴能由易及難。但今爲論語作解，則難處易處全解了，此則貴學者之善自研尋。我作此新解，每多存異說，而於異說中必求抉擇一是。我之識見果足以勝此任否，惟有更待讀吾書者之再作辨認。我所謂讀論語必義理考據辭章三者兼顧，而義理則更其要者，其意亦在此。決非謂不顧考據辭章而可以憑空求得其義理之所在，更不謂求義理者，只挑讀論語某幾章已足。此意極關緊要，不得不在此鄭重提出。

今貫之先生爲我選載於人生雜誌之諸章，似乎都選載些近似於憑空發論者，又多載我在此一章之後綜述其大義者。擇要誦讀，固亦是讀書之一法。專心先求大義，且置考據辭章之瑣末，此亦未可謂非。但若專一從此路進，則又近於只要討究孔子所抱之一番哲學思想，而非研尋孔子所提示之人生義理。如是則仍似把孔子看成一西方哲學家般，此處差之毫釐，是會謬以千里的；讀論語者不可不戒。程子說：如讀論語，未讀時是此等人，讀了後又只是此等人，便是不曾讀。又說：讀論語，有讀了後全然無事者，有讀了後，其中得一兩句喜者，有讀了後知好之者，有讀了後直有不知手之舞之足之蹈之者。程子此兩番話，只有從人生義理上去讀論語，始可瞭解得。若眞瞭解得須從人生義理上去讀論語，則自然會遵從朱子所說，平鋪讀，循序一章一句讀。且莫認爲論語說到仁字處在講仁，不說到仁字處卽與仁無關。更莫認爲訓詁考據工夫，便就與義理無關。至於我之新解，以則只求爲讀論語者開一方便，一切全只是筌蹄，實不足重。我怕讀者把我的新解太重視了，那就罪過之極；因此特鄭重在此提及。

民國五十二年十月在香港新亞書院講

五　再談論語新解

一

今天接着來講論語新解，特別重要的是講論語朱注與二程相異處。朱注不易看，好像處處在尊二程；實則朱注不同意二程處甚多，只是避而不談。西方人謂「吾愛吾師，吾尤愛眞理。」我們自民初新文化運動以來，年輕一輩多喜菲薄前人，此一風氣實不足取。

朱注於二程說有贊成有反對，亦有依違，只看注文甚難看出。須參讀朱子語類。抗戰時在成都，因胃疾休養，從頭讀了一部朱子語類，三個月時間全書看完，我纔懂得。此事距今已二十年，最近寫新解，又重翻語類，我新解對於程朱之從違，讀者亦不易知，今天略舉數例，以資說明。

上次講朱注正文與圈下所引二程語意義亦有不同，此在諸位自去仔細對讀。如論語學而篇：「子曰：學而時習之，不亦說乎？」朱注：「學之爲言，效也。人性皆善，而覺有先後；後覺者必效先覺之所爲，乃可以明善而復其初也。習、鳥數飛也，學之不已，如鳥數飛也。說、喜意也。既學而又時時習之，則所學者熟；而中心喜說，其進自不能已矣。」下引程子曰：「習、重習也，時復思繹，浹洽於中，則說也。又曰：學者將以行之也，時習之，則所學者在我，故說。」謝氏曰：「時習者、無時而不習，坐如尸、坐時習也，立如齊、立時習也。」

語類朱子答弟子問有曰：「若伊川之說，則專在思索，而無力行之功。如上蔡之說，則專於力行，而廢講究之義。似皆偏了。」故朱子此處引程子語，復引謝氏語，庶於兩方兼顧。淸儒顏習齋攻擊朱子，主張輕讀書而重實「習」，自號「習齋」。其實仍只陷於謝氏一邊，未能顧及程子「時復思繹」四字去解釋「時習」之意，其未能細讀朱注，更自可見。

今看朱注：「習、鳥數飛也。」明承謝上蔡之意，兼以效字覺字訓學字，意義周浹，而從覺字義中便可包括了程氏之思繹義。我的新解則說：

「學：誦習義。凡誦讀練習皆是學。舊說：學，覺也，效也。後覺習傚先覺之所爲謂之學。」下面又云「然社會文化日興，文字使用日盛，後覺習傚先覺，不能不誦讀先覺之著述，則二義仍相通。」此則是我自己講法，依然採用效字與覺字來訓學字，又明白舉出誦讀練習兩項。以誦讀爲學，依然採用朱子，但朱注此處卻未明白舉出，故又增上社會文化日興以下數語，爲之闡申，而習齋語之爲偏見，顯然可見。

新解「時習」二字云：「此有三說。一指年歲言。古人六歲始學識字，七八歲，教以日常簡單禮節，十歲教書寫計算，十三歲教歌詩舞蹈，此指年爲時也。二言古人春夏學詩樂弦歌，秋冬學書禮射獵，此指季節爲時也。三指晨夕言。溫習進修游散休息，依時爲之也。習者，如鳥學飛，數數反復。人之爲學，當日復日、時復時、年復年，反復不已，老而無倦也。」我此講法，仍自根據朱子而加以變化，而引用古人實例，則誦讀亦是學，可以不煩再論。

至「有朋自遠方來，不亦樂乎？」兩句，朱注：「朋、同類也，自遠方來，則近者可知。」下引程子曰：「以善及人，而信從者衆，故可樂。」又曰：「說在心，樂主發散在外。」此條驟看似無問題，但語類有人問：程子之意是否如中庸舜善與人同之意？朱子告以不要如此引申推想。「舜善與人同」，乃中庸、孟子中語，論語中無之。朱子教人讀論語應專管論語，且莫問孟子中庸；千萬不要「牽」合他說強通爲一，此是朱子教人讀書極關重要之一項，學者最當注意。在朱子認爲此種牽引強通之習，自程子以來，已有三十年之久。因此講古書盡講向高處虛處，反而會把古書走失了原樣。只是朱子仍將程子說引在下面；其意只謂先讀了他自己所注，然後再推及程說，便可無弊。此是先求專精，再作會通，此種會通，乃始是新會通，其意極爲深允。我新解中注此兩句云：「朋，同類也。志同道合者，知慕於我，自遠來也。」此則仍依朱注而稍詳釋之。

朱子嘗云：堯舜以下不可無孔子，孔子而後不可無孟子，孟子而後不可無二程；此乃對二程極表佩服之語。但朱子又云：聖人之意，乃在日用常行之間，論語中無懸空之語。漢以後人多在訓詁方面講論語，二程則發明聖人道理，使人激昂向上，惟失之稍高。又認爲當時說經有四病：一本卑作高，二本淺作深，三本近作遠，四本明作晦。我們當據此四點來尋朱注之用心。

至於人不知而不慍，不亦君子乎兩句，宋人善講義理，於此兩句解釋明愜，讀者試看後來清儒之說，便知他們說義理，遠不能與宋儒相比。

我以上只擧論語首章爲例，便知注書工夫之不易。而讀注文者，亦須仔細咀嚼，莫輕易忽過，其事亦從可知。

二

憲問篇又一章：「子貢曰：管仲非仁者與？桓公殺公子糾，不能死，又相之。子曰：管仲相桓公，霸諸侯，一匡天下，民到于今受其賜。微管仲，吾其被髮左衽矣。豈若匹夫匹婦之爲諒也，自經於溝瀆，而莫之知也！」

此章文字易讀，但在義理上，程朱卻發生了極大歧見。朱注引程子曰：「桓公、兄也，子糾、弟也。仲私於所事，輔之以爭國，非義也。桓公殺之雖過，而糾之死實當。仲始與之同謀，遂與之同死，可也；知輔之爭爲不義，將自免以圖後功，亦可也。故聖人不責其死而稱其功。若使桓弟而糾兄，管仲所輔者正；桓奪其國而殺之，則管仲之與桓，不可同世之讎也。若計其後功，而與其事桓，聖人之言，無乃害義之甚，啟萬世反覆不忠之亂乎？如唐之王珪魏徵，不死建成之難，而從太宗，可謂害於義矣。後雖有功，何足贖哉！」朱子引程說後自加按語曰：「愚謂管仲有功而無罪，故聖人獨稱其功；王魏先有罪而後有功，則不以相掩可也。」此則明與程說不同。

語類一弟子問：「伊川言仲始與之同謀，遂與之同死，可也。知輔之爭爲不義，將自免以圖後功，亦可也。竊謂天下無兩可之理，一是則一非。如兩可之說，恐亦失之寬否？」今朱注云：管仲有功而無罪，故可不死。則並無兩可之說。一弟子問：是否管仲之功可掩其前過？朱子曰：「管仲義不當死」。又答另一弟子問曰：「聖人無說，見得不當死。」卽據論語本文，推說孔子本義，而程說之誤自見。朱子說此章，說到無文字處去，可謂聰明絕頂。淸人只重考據，並只能考據其事，卻不注意到在事背後之種種義理，此就偏了。而且他們責朱子將桓公、子糾兄弟輩次講錯。實則將輩次講錯者乃程子，非朱子。朱子所以仍引程子說者，因程氏考據雖錯，然有其一套義理在。但程子說實非注書，而是自立說。朱子意，程氏此套義理，也可作參考，而其自下注，則只曰管仲無罪一語解決了。

三

又述而篇：「子曰：甚矣吾衰也！久矣吾不復夢見周公！」朱注：「孔子盛時，志欲行周公之道，故夢寐之間，如或見之。至其老而不能行也，則無是心，而亦無復是夢矣。故因此而自歎其衰之甚也。」此條注文，卽論文章，亦臻絕佳之境。程子曰：「孔子盛時，寤寐常存行周公之道。及其老也，則志慮衰而不可以有爲矣。蓋存道者心，無老少之異；而行道者身，老則衰也。」程子此條亦有其精彩處，但不如朱注之簡淨。程子另有一語云：孔子之夢周公乃因其「思」。（見二程遺書）此乃謂至人無夢，孔子只是思周公，並未眞夢見。此則曲說，朱注未錄。朱子弟子又因朱注與程說不同而發問，朱子答曰：「夢見亦何害」。「今有人夢見平生所不相識之人，卻云是某人某人者，蓋有之。夫子之夢，固與常人不同，然亦有是理耳。」卽如孔子夢兩楹之奠，豈可說是思不是夢？朱子說此種夢乃是一種「朕兆」。所說極有理。若程子說「孔子盛時，寤寐常存行周公之道。」說孔子未見周公則不能夢周公，定要避去夢字，反覺拘泥。語類中批評程說非是，當有數百條之多，清儒不分程朱，一并攻擊，可證讀書粗心，其實他們連語類也不讀，則自然見不到朱注之精密處。

四

又述而篇：「子在齊聞韶，三月不知肉味，曰：不圖為樂之至於斯也。」朱注：「史記三月上有學之二字。不知肉味，蓋心一於是而不及乎他也。曰：不意舜之作樂，至於如此之美。則有以極其情文之備，而不覺其歎息之深也。蓋非聖人，不足以及此。」下引范氏曰：「韶盡美，又盡善，樂之無以加此也。故學之三月，不知肉味。而歎美之如此，誠之至，感之深也。」

孔子發憤忘食，樂以忘憂；若以老莊佛家之意見評之，似聖人之心，時不免有滯於物。程伊川即以三月不知肉味為聖人滯於物。故疑三月二字乃是音字之誤。語類朱子答弟子問曰：「此處最要看他不知肉味處，最有意思。蓋夫子知韶之美，一聞之、則感之至深；學之三月，故至於不知肉味。若道一聞之便三月不知肉味，恐無此道理。伊川疑得自是，但史記上有學之二字，伊川恐適不曾考到此耳。」

但我之新解，於程朱兩說，均不贊成。因曰：「子在齊聞韶：韶，舜樂名。或說：陳舜後，陳敬仲奔齊，齊亦遂有韶樂。三月不知肉味：史記作學之三月，謂在學時不知肉味也。或說：當以聞韶三月為句。此三月中常聞韶樂，故不知肉味也。不圖為樂之至於斯：孔子本好樂，聞韶樂而深美之，至於三月不知肉味，則其好之可謂至矣，於是而歎曰：不圖爲樂之移人有至此也。或說：斯字指齊，謂不圖韶樂之至於齊。今按本章多曲解：一旦偶聞美樂，何至三月不知肉味；一不解。大學云：心不在焉，食而不知其味，豈聖人亦不能正心乎？二不解。又謂聖人之心應能不凝滯於物，豈有三月常滯在韶之理；三不解。積此三不解，乃多生曲解。不知此乃聖人一種藝術心情也。孔子發憤忘食，樂以忘憂；此亦一種藝術心情也。藝術心情與道德心情交流合一，乃是聖人境界之高。讀書當先就本文平直解之，再徐求其深義。不貴牽他說，逞曲解也。」

我在新解中每章必附一白話譯文，此章之白話譯文云：「先生在齊國，聽到了韶樂，三月來不知道肉味。他說：我想不到音樂之美有到如此境界的。」自謂將論語本文原義解出。若論義理，孔子實深具一種藝術心情，或說詩人心情，此章大似一首詩，實乃詩中之賦。新解此章，擺脫了朱注束縛。但不知我此解法，究比朱注勝否？諸位在此刻，自無法遽下評判，但舉出來也教諸位知道讀新解也就不易而已。

五

又八佾篇：「子曰：射不主皮，爲力不同科，古之道也。」

朱注曰：「射不主皮，鄉射禮文。爲力不同科，孔子解禮之意如此也、皮。革也。布侯而棲革於其中以爲的，所謂鵠也。科、等也，古者射以觀德，但主於中，而不主於貫革；蓋以人之力有強弱，不同等也。記曰：武王克商，散軍郊射，而貫革之射息。正謂此也。周衰禮廢，列國兵爭，復尙貫革，故孔子歎之。」下引楊氏曰：「中可以學而能，力不可以強而至，聖人言古之道，所以正今之失。」

程明道以爲射不專以中爲善，朱子未采其說。淸人引漢儒古說來推翻朱注，但淸儒實並不知明道與朱子間已有不同，而朱注實難推翻。淸儒對此章講了許多考據，但於義理上則仍有不通處。

新解則曰：「射不主皮：古之射，張一布，稱爲侯。或畫五采畫獸，爲正。或於布中心貼一皮，或熊或虎或豹，爲鵠。不主皮，或說，射以觀德，但主於中，不主貫革。皮即革也。或說，主皮之射見儀禮鄉射禮，貫革之射見小戴禮樂記，二者有別。貫革謂射穿甲革，如養由基射甲徹七札之類，此乃軍射，禮射則用皮侯，不用革。今按：射必主中，斷無不主中而爲射者。射不主皮，既不能解爲不主中，則上說但主中不主貫，自爲正解。射既有中與貫之別，則貫指革言，亦自無疑。射不主皮，謂皮可以該布，又何不可以該革？故知上解主皮爲貫革，通上下文而說之，亦自見其可信。儀禮小戴禮兩書皆出論語後，不得以兩書或言主皮，或言貫革，遂謂論語主皮決不指貫革也。

爲力不同科：科，等級義。人力強弱不同第，故射主中，不主貫。漢儒因見儀禮言主皮，小戴禮言貫革，疑論語此章不主皮，不言貫革，遂疑此句爲力不同科另屬一事，不連上文。因解爲力乃爲力役之事，丁強任力役亦分科，然當役不得稱爲力，此解牽強可知，今不從。

古之道也：樂記，武王克商，散軍郊射，而貫革之射息。此謂自武王克商，示天下已平，不復尙多力能殺人，故息貫革之射，正與論語此章所言相同。今若分樂記貫革與論語主皮爲二，則射不主皮古之道也語義難解。蓋下逮春秋，列國兵爭，復尙力射，如養由基穿七札，見稱當時，故孔子慨嘆而稱古道也。若必本儀禮爲說，儀禮顯出論語後，豈其所記各射，孔子時皆不然，而概稱爲古之道乎？朱氏注此章，不用漢儒古說，以貫革說主皮，以本章三句通爲一氣讀之。最爲允愜。淸儒必據古注駁朱注，於射不主皮一語，多引古禮文，而於爲力不同科古之道也兩語，終無確說。就本章文氣語法字義平直求之，知朱注之不可易也。其說古禮容有違失，終無害於其釋大義之是當。」

此條駁斥古注以爲力不同科爲另一事之非，又兼采淸儒各家考古代射禮之是者，概括以注本章，而於本章大義則仍主朱說，采用淸儒考據發明朱注義理。至於淸儒諸家考據，孰是孰非孰得孰失，不再羅舉博辨。故能使新解本文簡徑明白，不致浩繁難尋。若讀者仍嫌新解注文不易讀，此乃讀書基本程度不夠，然只要能細心誦讀數過，亦無眞難讀處。若定要一看便曉，則論語本書本不應該要求一看便曉也。

六

以上只是臨時隨口舉出數例，期能對諸位讀我新解，以及把我新解與朱注比讀得些幫助。至要眞有得，則仍待諸位自己用力。

民國五十三年四月在香港新亞書院講

六　本論語論孔學

論語二十篇，首篇第一章，卽曰學而時習之，不亦說乎，最先提出一學字。但當時孔門，究竟所學是何，又該如何學，歷來儒者，自漢迄清，爲此學字作解，爭議紛綸，莫衷一是。本文仍就論語，專擇其明顯提及學字諸章，會通闡說，求能爲當時孔學粗略描繪一輪廓。並亦於歷代諸儒意見，略有取捨評隲。自知末學淺測，未必遽當，亦聊以備一得之愚，以待明哲之論定，固未敢進退先賢，標一己之獨是也。

子曰：志於道，據於德，依於仁，游於藝。（述而）

朱子曰：

此章言人之爲學當如是也。蓋學莫先於立志，志道則心存於正而不他。據德則道得於心而不失。依仁則德性常用而物欲不行。游藝則小物不遺而動息有養。學者於此，有以不失其先後之序，輕重之倫焉，則本末兼該，內外交養，日用之間，無少間隙，而涵泳從容，忽不自知其入於聖賢之域矣。

竊謂論語此章，實已包括孔學之全體而無遺。至於論其爲學先後之次，朱子所闡，似未爲允，殆當逆轉此四項之排列而說之，庶有當於孔門教學之順序。子夏所謂：君子之道，孰先傳焉，孰後倦焉，有始有卒者，其惟聖人乎？程子曰：君子教人有序，先傳以小者近者，而後以大者遠者，非傳以小近，而後不教以遠大也。朱子曰：學者當循序漸進，不可厭末而求本。亦非謂末即是本，但學其末而本即在是。程朱所言實與本篇之旨，無大違戾。茲爲逐項分說之如下：

一、學於藝，即游於藝之學

達巷黨人曰：大哉孔子，博學而無所成名。子聞之，謂門弟子曰：吾何執，執御乎，執射乎，吾執御矣。（子罕）

此章雖孔子謙辭，然孔子徧習六藝，御射皆其所學。論語首章學而時習之，如王制云：春夏學詩樂，秋冬學書禮。內則云：六年教之數與方名，七年男女不同席，八年始教之讓，九年教之數目，十年學書記，十三年學樂，誦書舞勺，十五年，成童舞象，二十始學禮，舞大夏，博學不教。此皆古人之所謂時習，其所學則皆是六藝。則孔子始學，亦必是此等六藝之學可知。

大宰問於子貢曰：夫子聖者與？何其多能也！子貢曰：固天縱之將聖，又多能也。子聞之，曰：大宰知我乎？吾少也賤，故多能鄙事。君子多乎哉，不多也。牢曰：子云：吾不試，故藝。（子罕）

此章所謂多能，卽猶前章之博學。旣曰鄙事，又曰藝，則孔子之學，對於當時社會人生實務諸藝，決不鄙棄不之習，又斷可知矣。若就今日言，如音樂、跳舞、游泳、駕駛汽車之類，亦社會人生實務，亦猶古人之所謂藝也。推而廣之，如一切科學工業技術，亦猶古人之所謂藝也。孔子若與吾儕生同時，亦必時習博學於此人生諸實藝，所謂多能鄙事，實未必有背於孔子之學也。

子曰：三年學，不至於穀，不易得也。（泰伯）

據此章，學以求祿，亦指習藝之學言。直至近代，求學率爲職業，在孔門亦復如是，孔子決不深斥此等志穀謀業者謂不得謂之學，又可知矣。

又按古人六藝之學，首書數，庶人幼學皆習。次射御，少壯成人乃習之。又後曰禮樂，則藝而入於文，通習禮樂，斯可以爲君子。

子曰：弟子入則孝，出則弟，謹而信，泛愛衆，而親仁。行有餘力，則以學文。（學而）

劉逢祿論語述何曰：此因上文孝弟忠信愛仁而類記之。文者字之始，誦法六經，先正聲音文字，謂小學也。毛奇齡四書賸言曰：姚立方云：文，字也。非詩書六藝之文。言弟子稍閒使學字耳。閻若璩曰：史記孔子世家，孔子以詩書禮樂教弟子，蓋三千焉，身通六藝者七十有二人。又曰：言六藝者折衷於夫子。以詩書六藝詁文字，語本無病，毛氏攻之，非也。今按：劉氏承毛姚之意，以文爲文字，則豈有能行孝弟，謹信愛仁，而始教之以識字？凡此皆淸儒之曲說。閻之駁毛是矣。然古人所謂六藝，亦非漢儒所謂之六經。則閻說亦不全是。

黃震日鈔曰：此章教人爲學，以躬行爲本，躬行以孝弟爲先。文則行有餘力而後學之。所謂文者，又禮樂射御書數之謂，非言語文字之末。今按：黃說較允。古人所謂文，本與藝通。陸德明經典釋文引鄭玄云：文，道藝也。何晏論語集解引馬融曰：文者，古之遺文。此皆古注，較後儒爲允。學習六藝，非可全捨書本。朱注：文謂詩書六藝之文。今按六藝既有禮樂，斯必及詩書。以詩書爲禮樂之文則可，固不必牽連漢以後之六經爲說。此處朱子用六藝字，仍與閻氏同失。朱子又曰：力行而不學文，則無以考聖賢之成法，識事理之當然。此說甚是。此宋儒之說，轉與漢儒近，而淸儒所釋，有轉違於漢儒之舊詁者。所以爲學貴於擇善而從，不貴乎門戶主奴之見也。

子路使子羔爲費宰，子曰：賊夫人之子。子路曰：有民人焉，有社稷焉，何必讀書，

然後爲學？子曰：是故惡夫佞者。（先進）

此章言讀書，猶上章言學文。可見孔門決不斥讀書爲非學。程朱論學，有時於習藝不免輕視，而自陸王迄於顏元，又不免輕視讀書。一軒一輊，同是不平。就論語本書言，殊未見有此軒輊也。

子曰：小子何莫學夫詩。詩，可以興，可以觀，可以羣，可以怨。邇之事父，遠之事君。多識於鳥獸草木之名。（陽貨）

此章孔子勸人學詩，即勸人讀書學文也。

子謂伯魚曰：女爲周南、召南矣乎？人而不爲周南、召南，其猶正牆面而立也與！（陽貨）

此章孔子教其子伯魚學周南召南，即教其學詩，教其讀書學文也。

陳亢問於伯魚曰：子亦有異聞乎？對曰：未也。嘗獨立，鯉趨而過庭，曰：學詩乎？對曰：未也。不學詩，無以言。鯉退而學詩。他日，又獨立。鯉趨而過庭，曰：學禮乎？對曰：未也。不學禮，無以立。鯉退而學禮。聞斯二者。陳亢退而喜曰：問一得三。聞詩，聞禮，又聞君子之遠其子也。（季氏）

此章記孔子教其子伯魚學詩學禮，亦即教其讀書學文也。王應麟困學記聞曰：孔庭之教曰詩禮。子思曰：夫子之教，必始於詩書，而終於禮樂，雜說不與焉。荀子勸學亦曰：其數則始乎誦經，終乎讀禮。此皆孔門以讀書學文爲學之顯例。

子曰：君子博學於文，約之以禮，亦可以弗畔矣夫。（雍也）

此章博文，即包括讀書學文。可見當時所謂聖人博學，大義不外兩端，一多習藝，一多讀書。直至近代，言人博學，亦率指此二者，朱子不免偏重於教人讀書，顏元不免偏重於教人習藝，是皆各得其一偏也。

又按：劉逢祿論語述何曰：文，六藝之文，禮，貫乎六藝。此解博文約禮，最爲得之。餘說紛綸，各有偏主，不復一一具辨。

子以四教，文行忠信。（述而）

何義門讀書記：小學先行而後文，弟子章是也。大學先文而後行，此章是也。王應麟困學紀聞曰：四教以文爲先，自博而約。四科以文爲後，自本而末。此文字皆指書本，則孔門教人爲學，必不偏輕讀書學文，亦居可見。

子曰：我非生而知之者，好古，敏以求之者也。（述而）

何晏論語集解引鄭玄曰：言此者，勸人學。今按：孔子曰：生而知之者，上也。學而知之者，次也。困而學之，又其次也。困而不學，民斯爲下矣。孔子不自居於生知，孔子之所謂學；正在於好古敏求。好古必從事於讀書學文，不讀書，不學文，又何以博聞於古而擇善以從乎？可知孔門之學決不廢讀書，抑且必以讀書爲要務。

以上言孔門之學，首重通習技藝時務，讀書博古，此乃古今爲學通誼，卽孔門爲學，亦無以異也。

二、學於仁，卽依於仁之學。

孔子曰：我非斯人之徒與而誰與。旣爲人，學人道，學於仁，卽是學人道，卽是學爲人也。後儒釋論語仁字，多不免於深求。孟子曰：仁，人心也。則仁道者，卽人道也。鄭玄以相人偶釋仁，是依於仁以爲學，卽依於人與人相處之道，卽依於相人偶之道以爲學也。

子曰：三人行，必有吾師焉，擇其善者而從之，其不善者而改之。（述而）此卽孔子依於仁之學，亦卽孔子之學爲人，乃卽於人而學爲人，故曰三人行，必有吾師也。

子曰：加我數年，五十以學，亦可以無大過矣。（述而）今按：孔子雖學至於五十，尙求無大過，此仍是學爲人，學人道，卽依於仁之學也。學爲人，依於仁之學，亦豈易言？蓋依於仁之學，固當終生以之。俗云：活到老，學到老，誠哉不虛也。

子曰：弟子入則孝，出則弟，謹而信，汎愛眾，而親仁，行有餘力，則以學文。（學

而）

今按：孝弟謹信愛仁皆須學，此卽學人道，卽學依於仁也。然則學者，固非僅習藝讀書之謂。居家出門，凡一切躬行實踐，所以爲人之道，皆學之事。子夏曰：賢賢易色，事父母能竭其力，事君能致其身，與朋友交，言而有信，雖曰未學，吾必謂之學矣。此章雖曰未學之學，卽指讀書學文言。吾必謂之學，則指學爲人，謂一切日常人生實踐躬行之莫非學也。後儒如陸王言學，偏重踐行，實近子夏此章之義。若循此推衍益遠，必陷於子路何必讀書然後爲學之偏，然孔子固已斥爲佞。則孔門烏曾主不讀書之學乎？象山曰：堯舜以前曾讀何書來？此一時，彼一時，周孔以後，固未能有不讀書之學者。惟孔子既曰：行有餘力，則以學文，則陸氏之說，其於幼學，要爲得之。

子曰：君子食無求飽，居無求安，敏於事而愼於言，就有道而正焉，可謂好學也已。（學而）

明王恕石渠意見曰：古之學者，其要在乎謹言愼行以修身，非徒記誦辭章而已。故夫子告子張曰：愼言其餘，愼行其餘。又曰：言忠信，行篤敬。中庸曰：言顧行，行顧言，是皆以言行爲學也。今按：以言行爲學，卽是學爲人，卽是依於仁以爲學也。

子曰：君子不重則不威，學則不固。主忠信，無友不如己者。過則弗憚改。（學而）

此章亦主學爲人之道而言。

以上言孔門言學，皆主於日常人之躬行實踐，主於學爲人，此亦古今爲學之通誼也。卽在近代，亦無不認此爲學，是仍與古無異。子以四教，文行忠信，一主文，一主行，兩者不偏廢。大略言之，宋明儒論學，多偏主行。漢淸儒論學，多偏主文。若就西方學術言，宗教似偏行。哲學科學似偏文。孔門兩者兼重。皇侃論語疏：或問：旣云行有餘力則以學文，又云子以四教，文行忠信，文行或先或後，何也？答曰：論語之體，悉是應機適會。教體多方，隨須而與，不可一例責之。今按：教體多方，卽是學術多門也。有志孔子之學者，亦貴隨順自力，不宜偏主一端一途，而輕起是非之辨矣。

且上所謂游藝依仁之學，通而言之，亦實是一事。學爲人，固必通於藝，世無不習一藝之人。習藝亦人道處世一大端也。不學詩，無以言，不學禮，無以立，以言以立，亦卽學爲人之條件。是學文亦卽所以學爲人，亦卽是依於仁之學矣。又曰：詩，可以興，可以觀，可以羣，可以怨，邇之事父，遠之事君。興觀羣怨，事父事君，獨非學爲人之道與？然則讀書學文，固亦通於學爲人之道。故游藝博文，皆所以學爲人，皆卽是依於仁之學。若必鄙斥藝文，高論人道，是人道將不免陷於孤狹，殆非所以相人偶，而轉近乎不仁之歸矣。故欲依於仁，學人道，亦無有不兼涉於游藝學文之事者。此亦古今相同，無大違越也。

又按：孔門諸賢，如子路可使治賦，冉有可使爲宰，公西華可使束帶立朝與賓客言，而孔子皆謂不知其仁。蓋用之則行，舍之則藏，孔子惟以許顏淵。出處行藏，乃學爲人之大節。子路冉求公西華抱藝在身，未能深藏不用，故孔子未許以仁。然則爲人之學，有其淺，亦有其深。有其層累焉，有其相通焉。游藝依仁之學，不僅有其相通，亦有其層累。有志孔門之學者，必明乎此相通與層累之二義，乃可以得孔子博文而一貫之深旨。

三、學於德，即據於德之學。

上述兩項，游藝依仁，乃古今言學之通誼。下兩項，據德志道，乃孔門論學之淵旨。然下兩項亦本於上兩項而學，特循此而益進耳，非謂捨於上兩項而別有下兩項之學也。

子曰：學而時習之，不亦說乎？有朋自遠方來，不亦樂乎？人不知而不慍，不亦君子子乎？（學而）

此章學而時習之，即前述上兩項之學。同聲相應，同氣相求，人至中年，學成名聞，有朋友同道，遠來講習，故可樂也。及乎其所學益進，所造益深，至乎人無知者，而其內心有所自得自信，雖欲罷而不能焉，此又何慍之有？則此誠學人之盛德，非學之深而養之粹，未易臻此。此即由游藝依仁而深入於據德之境矣。且悅樂亦已在內心，此已是內心之自得。故學而時習，有朋遠來，雖曰習藝學文，主於學爲人，而固已見其即爲據德之學矣。故游藝依仁之與據德，雖若層累之三級，實亦會通於一貫。

子曰：古之學者爲己，今之學者爲人。（憲問）

此章爲據德之學之最要義。荀子勸學篇云：君子之學也，入乎耳，著乎心，布乎四體，形乎動靜，一可以爲法則。小人之學，入乎耳，出乎口，口耳之間則四寸耳，曷足以美七尺之軀哉？又曰：古之學者爲己，今之學者爲人。君子之學也，以美其身。小人之學也，以爲禽犢。後漢書桓榮傳論曰：爲人者，憑譽以顯揚，爲己者，因心以會道。故知人之爲學，無論其爲學於藝，學於文，抑學爲人之道，雖其所學同，而其所以學之用心，則有爲己爲人之別，此誠不可以不辨。學知爲己，即知所以爲據德之學矣。

子曰：默而識之，學而不厭，誨人不倦，何有於我哉。（述而）

此章學不厭，誨不倦，此即門弟子之就此而謂夫子固已聖者也。今試問：何以能誨不倦？則必在己能學不厭，斯對人能誨不倦矣。試又問：何以能學不厭？則必其先知默而識之，斯能學而不厭矣。故本章三語，雖若並列，實則層累而進，亦爲學之階程有此三級也。默而識之者，朱子曰：謂不言而存諸心也。此即荀子所謂入乎耳，著乎心，布乎四體，是即爲己之學之眞精神，眞法門也。若入乎耳，即欲出乎口，則爲學惟求顯揚，最多亦只以爲人。斯之爲學，或得志，或失意，無不易厭，以其不知學之必據於德也。

哀公問弟子孰爲好學？孔子對曰：有顏回者好學，不遷怒，不貳過，不幸短命死矣。

今也則亡，未聞好學者也。（雍也）

李中孚四書反身錄：學，所以約情而復性也。孔子承哀公之問，舍博學篤志之子夏，舍多聞多識之子貢，而推靜默如愚之顏氏。乃以不遷不貳爲好學之實。可見學苟不在性情上用功，則學非其學。性情上苟不得力，縱夙夜孜孜，博極羣籍，多材多藝，兼有衆長，終不可謂之好學矣。今按：學在性情上用功，卽所謂據德之學也。宋儒有顏子所好何學論，卽本此章發題。論語如此等章，最見孔門據德之學之眞趣。此始純粹是一種爲己之學，卽在自己德性上有期望，有到達，故謂之據德之學也。然若提倡過偏，認爲惟此是學，而鄙視上述游藝、學文、學於爲人之諸端，而皆謂其不足有當於學，則其流弊亦有不可勝言者。蓋據德之學，亦卽游藝依仁之學之進而益微，而始有此境界。非謂舍卻游藝依仁，而可以直下追尋，惟此爲學也。宋儒論學，似於此不能無過偏之弊，此則論學之士之所當深辨也。

子曰：射有似乎君子，失諸正鵠，反求諸其身。此卽下學習射，可上達於不遷怒之境界也。又曰：舉一隅不以三隅反，則吾不復之矣。此卽下學習器游藝，可上達於不貳過之境界也。孔門據德之學，固仍是依仁游藝之爲學，而非別有所學，可知矣。自捨游藝依仁之學，而謂可以專崇夫據德以爲學，而儒學始有歧，此則宋儒之過也。然若論宋儒於儒學傳統之大貢獻，則亦惟其所發揮於據德之學之一端，爲最淵微而深切矣。惟其於此有大貢獻，故亦於此不能無偏主，此則貴乎好學者之善爲愼擇也。

子曰：由也，女聞六言六蔽矣乎？對曰：未也。居！吾語女。好仁不好學，其蔽也愚。好知不好學，其蔽也蕩。好信不好學，其蔽也賊。好直不好學，其蔽也絞。好勇不好學，其蔽也亂。好剛不好學，其蔽也狂。（陽貨）

朱子曰：六言皆美德。然徒好之而不學以明其理，則各有所蔽。今按：此六言者，固可說是美德，然論語稱六言，不稱六德，則言與德仍宜有辨。蓋此六言，特人世間所公認之六德目，若不能切身而反求之己，當時而求通之於人情世務。徒好此六德目之名。規效摹襲而行之，迹似神非，斯則不免於六蔽之陷矣。當知若稱六德，則不宜復有蔽。而所謂六蔽，亦皆本於各人之心性，卽皆蔽於其人德之所未純。愚蕩賊絞亂狂之六者，亦不可不謂其原於人性，而特未加修學以使成爲美德，偏陷所至，而遂有此，是所謂惡德也。孟子有行仁義與由仁義行之辨，若徒好此六德，而不復濟之以學，則是行仁義，非能由仁義行。行仁義，僅是慕外而行之。必能由仁義行，乃始爲據德之學，成德之行也。然則又如何而學乎？此則捨博文約禮無由矣。孟子所謂明於世物，察於人倫，朱子所謂考聖賢之成法，識事理之當然，此皆博文之學之所有事。能由是而反之吾身，而誠見其不可易，乃有以深得夫易地而皆然之心同理同，反身而誠，知萬物之皆備於我，則由博文以達於約禮，卽此以爲據德之學也。此實內外交修，人己同盡，決非僅憑己心，不重外學之所能到。本此一章，又可見博文依仁據德之學之層累而相通，有其階程層次，而實無彼此之扞格界劃也。

子曰：德之不修，學之不講，聞義不能徙，不善不能改，是吾憂也。（述而）

此章亦以修德與講學分言之。徙義改過，此乃修德事，亦卽講學事。雖可分而仍互通。

子曰：十室之邑，必有忠信如丘者焉，不如丘之好學也。（公冶長）

戴震孟子字義疏證云：聖賢論行，固以忠信爲重。苟學不足，則失在知而行因之謬。雖其心無弗忠弗信，而害道多矣。黃式三論語後案云：忠者心之盡，信者言之實，不能好學，而心與言之失，可勝數乎？是以四敎必曰文行忠信，此章正爲自恃忠信者戒其堅自執耳。今按：此乃有美質而未學者。美質，鄕人所同有，好學，聖人所獨至。聖人之爲學，固非離棄乎己之忠信之質以爲學。及其學之所至，亦以益美其忠信之質而已。固非期其有外乎己之忠信之質，或轉異乎己之忠信之質，以別成其所謂學也。然必本乎此人所同有之忠信本質而爲學，以成其德而躋乎聖，此乃孔門據德之學之所以爲獨特而超卓，而他之言學者，或未之能逮也。

顏淵季路侍。子曰：盍各言爾志！子路曰：願車馬衣裘，與朋友共敝之而無憾。顏淵曰：願無伐善，無施勞。子路曰：願聞子之志。子曰：老者安之，朋友信之，少者懷之。（公冶長）

此章記孔子顏淵子路三人之志，此卽三人之所願學也。此三人所懸舉以爲學的者，全屬自己一種內心境界，故謂之爲爲己之學也。於此境界而有所期望，而能到達，斯卽學人之心德也。故又謂之爲據德之學焉。朱子謂三人之志，皆與物共，特有小大之差。此卽指其所期望到達之心境小大，亦卽成德之小大也。然其所願皆在己，不在人，此所以稱之爲爲己之學。程子曰：古之學者爲己，其終至於成物。今之學者爲人，其終至於喪己。爲己之學，所願只在己。其所求完成者，卽其一己之心德。而其一己心德所能到達之最後境界，乃爲一種物我一體之天地氣象，如孔子所謂老者安之，朋友信之，少者懷之，此種境界，豈不爲己而終至於成物乎？然則此種學問，所謂爲己據德之學，豈非卽是學爲人，由依於仁之學之更進一級而始見其有是乎？朱子謂仁者心之德，故依仁之與據德，亦是有其相通，有其層累也。

又按：孔門四科，德行言語政事文學，亦可以淺言，可以深言。若以德行爲據德之學，則言語政事乃依仁，文學則游藝也。若以德行之科爲依仁，則其餘三科，皆游藝也。要之，孔門之學有其相通，有其層累，心知其意，則一以貫之，固不必一一爲之分劃割絕也。

朱子曰：學不可以一事名，德行言語政事文學，皆學也。今專以德行爲學，誤矣。陳澧東塾讀書記申之曰：此論四科之不可偏廢。且專以德行爲學，朱子猶以爲誤，則專以言語政事文學爲學，尤誤可知矣。專學一科，不誤也。專以己所學之一科乃謂之學，而以己所未學之三科，不得謂之學，則誤也。今按：朱陳之說允矣，而未盡。論孔門之學者，必明其層累而遞進，與夫一貫之相通，而後可以窺孔門之學之淵微而廣大。否則，如顏回者，豈眞專學夫德行一科乎？是知學之必博，而博之必能反於約，而爲己據德之學之亦不可捨乎游藝博文以爲學矣。

四、學於道，即志於道之學。

學必有標的，有對象。如游於藝之學，乃以事與物爲學之對象。依於仁之學，乃以人與事爲學之對象。據於德之學，則以一己之心性內德爲學之對象。而孔門論學之最高階段，則爲志於道。志於道之學，乃以兼通並包以上之三學，以物與事與人與己之心性之德之會通合一，融凝成體爲學之對象。物與事與人與己之會通合一，融凝成體，此即所謂道也。故志道之學，實以會通合一爲對象，會通合一之至，達於以天爲對象之至高一境，此乃孔學之所以爲高極而不可驟企也。

子曰：可與共學，未可與適道。可與適道，未可與立。可與立，未可與權。（子罕）

觀此章，則其人知向學，未必即已知適道，向學適道，其間尙有階序。然則其人雖不知志道，固不可卽謂其不知好學，特非好學之至耳。必如此言學，乃始可與人共學。若必求能志道者而始與共學，則可與共學之途狹矣。可與共學之途狹，亦非依於仁之學也。宋明儒論學，必以有志適道者始謂之學，故若於游藝博文之學，皆擯之於學術之牆外。甚至自漢唐諸大儒，如董仲舒鄭玄王通韓愈，幾皆擯不得預夫學術之大統，一若不可與共學焉，此決非孔門論學宗旨。且如學於仁，如孝弟之類，世亦多有隨俗為人，其人非不孝弟，然亦未可即謂其志於道。有子曰：孝弟也者，其為仁之本與？本立而道生。若只平實就事言之，亦可謂孝弟只是做人根本，再從此根本上生出道，則志道之學，應該自有其境界，自有其工夫矣。故孔門言學，亦於游藝依仁據德三者之外，別有志道一目也。

孔門言道，亦有時深言之，有時淺言之。

子游曰：昔者偃也聞諸夫子，曰：君子學道則愛人，小人學道則易使也。（陽貨）

此於道淺言之也。此所謂道，殆指相人偶之道，即學依於仁之道也。

子曰：篤信好學，守死善道。危邦不入，亂邦不居。天下有道則見，無道則隱。邦有道，貧且賤焉，恥也。邦無道，富且貴焉，恥也。（泰伯）

此於道乃深言之。守死善道是能立。有道則見無道則隱是能權。然所以為志道之學者，則猶不盡於此。

衛公孫朝問於子貢曰：仲尼焉學？子貢曰：文武之道，未墜於地，在人。賢者識其大者，不賢者識其小者，莫不有文武之道焉。夫子焉不學，而亦何常師之有？（子張）

朱子論語或問，何以言文武之道爲周之禮樂也？曰：此固好高者之所不樂聞。然其文意不過如此，以未墜在人之云者考之，則可見矣。若曰道無適而非，惟所取而得，則又何時墜地，且何必賢者識其大，不賢者識其小，而後得師耶？此所謂人，正謂老聃萇弘郯子師襄之儔耳。若入太廟而每事問焉，則廟之祝史，亦其一師也。大率近世學者，習於老佛之言，皆有厭薄事實，貪騖高遠之意。故其說常如此，不可以不戒也。然彼所謂無適而非道者，亦豈離於文章禮樂之間哉？但子貢本意，則正指其事實而言，不如是之空虛恍惚而無據也。今按：朱子此條，闡述孔子志道之學極深切明白。本此言之，孔子志道之學，實卽其游於藝，學於文，實卽是博文約禮之學也，而豈復有他哉？劉寶楠論語正義云：書傳言，夫子問禮於老聃，訪樂萇弘，問官郯子，學琴師襄，其人苟有善言善行足取，皆爲吾師，此所以爲集大成也與？今按：劉氏說亦是也。本此，又見孔子志道之學，亦卽其游於藝依於仁之學也。惟是所謂孔子之集大成，則其層累相通之間，實大有事在。蓋學必至於集大成，乃始見道，否則皆所謂小道。子夏曰；雖小道，必有可觀者焉，致遠恐泥，是以君子不爲。然大道亦由會通小道而成，固非離絕於一切小道而別有所謂大道也。

子曰：學而不思則罔，思而不學則殆。（爲政）

此所謂思，卽思通。道必思其會通而始見。學無小與大，皆必由思得通。通而後見道。若僅知逐事效學，則終於見事不見道。故志道之學首貴於能思也。今若舉時習爲游藝之學之首務，則孝弟乃依仁之學之首務，爲己乃據德之學之首務，思通則志道之學之首務也。

子曰：吾嘗終日不食，終夜不寢，以思，無益，不如學也。（衞靈公）

今按：孔門論學，雖學思並重，然二者亦有本末先後。苟非先有逐事具體之學，則何從有博綜會通之思？故本章又特著學思先後之大序焉。子夏曰：博學而篤志，切問而近思，仁在其中矣。此卽依仁之學，亦必先博學而繼之以能思，又必知先近思。此孔門論學重思之要旨。亦卽孔門論學，必本於學以致思之要旨也。

子曰：賜也，女以予爲多學而識之者與？對曰：然。非與？曰：非也。予一以貫之。（衞靈公）此章所謂多學而識之，乃孔子之學所與門弟子以共見者，故子貢遽對曰然也。一貫之學，則博學而思其會通，此不能與人以共見，門弟子宜有所未曉，故孔子特呼子貢而面告之也。孔門之一貫，後儒辨之者眾矣。顧炎武日知錄曰：好古敏求，多見而識，夫子之所自道也。然有進乎是者：六爻之義至賾也，而曰知者觀其彖辭則思過半矣。三百之詩至泛也，而曰一言以蔽之曰思無邪。三千三百之儀至多也，而曰禮，與其奢也寧儉。十世之事至遠也，而曰殷因於夏禮，周因於殷禮，雖百世可知。百王之治至殊也，而曰道二，仁與不仁而已矣。此所謂予一以貫之者也。其教門人也，必先叩其兩端，而使之以三隅反。故顏子聞一以知十，而子貢切磋之言，子夏禮後之問，則皆善其可與言詩。豈非天下之理，殊塗而同歸，大人之學，舉本以該末乎？彼章句之士，既不足以觀其會通，而高明之君子，又或語德性而遺問學，均失聖人之指矣。竊謂顧氏此條，實最爲得孔門一貫之學之眞解，此皆具有明證實據，非苟爲推測之辭，馳騖之論也。朱子語類云：孔子告子貢，蓋恐子貢祇以己爲多學，而不知一以貫之之理。後人不會其意，遂爲孔子祇是一貫，不用多學，則又無物可貫。孔子實是多學，無一事不理會過，祇是於多學中有一以貫之耳。方賓王問朱子，謂一貫乃積累既久，豁然貫通。向之多學而得之者，始有以知其一本而無二，朱子善其說。則朱子說孔子博學一貫之義，蓋已甚是，顧氏所辨，亦未能越出朱子所論列也。

然朱子之言，復有滋後人之非議者。孔廣森經學卮言有云：子之問子貢，非以多學爲非，以其多學而識爲非。子貢正專事於識者，故始而然之，但見夫子發問之意似爲不然，故有非與之請。此亦質疑常理。必以爲積久功深，言下頓悟，便涉禪解。予一以貫之，言予之多學，乃執一以貫通所聞。推此而求彼，得新而證故，必如是，然後學可多也。若一一識之，則其識既難，其忘亦易，非所以爲多學之道矣。蓋一貫者，爲從事於多學之方。宋人言今日格一物，明日格一物，久而後能一旦貫通，得無與此義相左乎？今按：孔氏此辨極深摯，乃所以藥漫無統紀，專以好多騖博爲學之失也。然而亦未全允。多學而識，此乃古今學問通法，未可遽以爲譏。惟若漫無統紀，專騖多學，則誠有如孔氏之所戒者。而循孔氏之言，則其學亦每易陷於偏至，仍非孔門一貫之眞旨。必當學思並進，交互爲功，既非僅俟積久，一旦自有豁然之境，亦非先守一貫，奉以爲多學之方也。若必先守此一貫，則孔子已明戒夫學者，謂終日不食，終夜不寢，以思無益，不如學矣。故非經多學，則何來有此一貫？亭林以觀其會通釋一貫，其語最無病。觀其會通，即用思之功也。每一學問，必當用思以觀其會通焉，有小會通，有大會通，有始會通，有終會通。上引日知錄所舉，孔子論易、論詩、論禮、論百世可知、論百王之治，其實此等會通，就孔子之學言，則仍還是小會通，孔子之一以貫之，尙有其更大會通終極會通之一境。此卽孔子志道知天之學之所至也。若如孔氏之說，先執一理以貫通所聞，則斷難達此境界矣。朱子所謂今日格一物，明日格一物，格亦可訓通。先求通於此，通於彼，久而後能全體會通。則朱子格物窮理之教，善體之，仍未可非。且朱子亦云：莫不因其已知之理而益窮之，此與孔氏之辨，正復相似。故學者細味孔說，正足益明朱意。兼取善會，庶乎得之。至陸王學者以良知爲一貫，淸儒又釋一以貫之爲一以行之，恐終非孔門論學規矩。

又按李中孚反身錄，謂：博以養心，猶飮食以養身。多飮多食，物而不化，養身者反有以害身。多聞多識，物而不化，養心者反有以害心。飮食能化，愈多愈好。博識能化，愈博愈妙。蓋幷包無遺，方有以貫。苟所論弗博，雖欲貫而無由貫。劉文靖謂邱文莊博而寡要，嘗言邱仲深雖有散錢，惜無錢繩貫錢。文莊聞而笑曰：劉子賢雖有錢繩，卻無散錢可貫。斯言固戲，切中學人徒博而不約，及空疏而不博之通弊。今按，錢繩貫錢，向來用以喻孔門之一貫。然散錢無繩，一錢尚有一錢之用。僅無繩貫串，則多錢不易藏，易致散失耳。若並無一錢，而空有貫錢之繩，此繩將絕無用處。抑且譬喻之辭，終有未盡切者。當知若手中無錢，將遍天下覓不到此貫錢之繩。陽明提倡良知，即以為一貫之學，其曰見父自然知孝，見兄自然知弟，見父即是得一錢，知孝便是把此錢上貫。見兄又是得一錢，知弟便是又把此錢上貫。故陽明良知之學，首貴即知即行，又貴事上磨練，貴於得一錢即貫一錢，得兩錢即貫兩錢，此乃陽明良知學之喫緊教人處。若不求得錢上貫，而空求此貫錢之繩，空手把玩，亦必為陽明所斥。

顏淵喟然歎曰：仰之彌高，鑽之彌堅，瞻之在前，忽焉在後。夫子循循然善誘人。博我以文，約我以禮。欲罷不能。既竭吾才，如有所立卓爾。雖欲從之，末由也已。

（子罕）

朱子曰：仰彌高，不可及。鑽彌堅，不可入。在前在後，恍惚不可為象。此顏淵深知夫子之道無窮盡，無方體，而歎之也。程子曰：此顏子所以為深知孔子而善學之者也。胡氏曰：高堅前後，語道體也。仰鑽瞻忽，未領其要也。惟夫子循循善誘，先博我以文，使知古今，達事變，然後約我以禮，使我尊所聞，行所知。如行者之赴家，食者之求飽，是以欲罷而不能，盡心盡力，不少休廢，然後見夫子所立之卓然，雖欲從之，末由也已，是蓋不怠所從，必求至乎卓立之地也。李中孚反身錄曰：謂顏子從夫子學道則可，謂為學夫子之道，非惟不知道，並不知顏子矣。夫道爲人人當由之道，若謂學夫子之道，是舍己而學人，乃後世徇迹摹倣者之所爲，即一學而成，亦與自己心性有何干涉？今按：博文約禮，乃孔門教學之通則大法。然爲學而僅止於此，則終不能超乎游藝依仁二者之上，而不免於二曲所誚如後世徇迹摹倣者之所爲矣。故必繼此益進，而知有據德之學焉，有志道之學焉。知據德之學，則使學者一一就其所學而反之於己之心性，而得見其本原，得有所歸宿，此即所謂爲己之學也。知志道之學，則又必使學者一一能用思以見所學之會通，會通之極，而有見於其大全之一體焉，此即孔子知天之學，知命之學，而顏子之所歎以爲欲從末由者也。李氏曰：謂顏子從孔子學道則可，謂顏子學孔子之道則不可，此辨尤深摯。學者由此求之，更可知據德之學之貴於反己，而志道之學之貴於能思也。而此據德志道之學之會通合一，終極一貫，亦可即此而思過其半矣。

子曰：莫我知也夫！子貢曰：何爲其莫知子也？子曰：不怨天，不尤人，下學而上達，知我者其天乎！（憲問）

何晏曰：聖人與天地合其德，故曰惟天知己。皇侃曰：下學，學人事，上達，達天命。我既學人事，人事有否有泰，故不尤人。上達天命，天命有窮有通，故不怨天也。

今按：論語比考讖：君子上達，與天合符。蘇轍古史謂：孔子自謂下學而上達者，灑掃應對詩書禮樂，皆所從學也。而君子由是以達其道。小人由是以得其器。何坦西疇常言，（見百川學海本四書拾遺引）謂：學成行尊，優入聖賢之域者，上達也。農工商賈，各隨其業以成其志者，下達也。朱柏廬毋欺錄謂：上達卽在下學中，所以聖賢立教，只就下學說。纔以上達立教，便誤後學。竊謂此章蓋孔子發之於顏子卒後也。顏淵之從事於博文約禮，皆下學也。其喟然之歎，蓋歎孔子上達一境之所躋之欲從而末由也。顏淵死，子曰天喪予。蓋孔子一生志學之所上達而通之境界，自顏子之死，而其門人弟子，遂莫有能窺鑽之者矣。

又按：游藝依仁之學，皆下學也。知據德志道，則上達矣。上達卽在下學中，學者當從此細細參入，乃可悟孔門之所謂一貫。

子貢曰：夫子之文章，可得而聞也。夫子之言性與天道，不可得而聞也。（公冶長）

此章言文章，皆屬下學事，卽游藝依仁之學所從事也。孔子時言之，故門弟子亦時聞之。性與天道，則屬上達，卽據德志道之學，此由學者之善反諸己，又能深思而自得之，其境界各不同，高下深淺，未可一概言，故孔子不以爲教，門弟子乃不得而聞也。博文約禮，皆文章也。凡所能舉以教人者，亦盡於此二途。至於仰之彌高，鑽之彌堅，此乃顏淵之善學，由此上達，皆屬性與天道之事，故顏子見其卓爾，欲從末由也。而子貢乃曰不可得聞。故孔子又發之曰：二三子以我爲隱乎？吾無隱乎爾。吾無行而不與二三子者，是丘也。蓋捨於博文約禮，捨於游藝依仁，聖人亦無以爲教。此貴乎學者之善體而自得之。孔子又曰：天何言哉！四時行焉，百物生焉。天固不盡於四時之行，百物之生，然捨四時行，百物生，又何以見乎天？天亦更何道以示於人乎？

子曰：吾十有五而志於學，三十而立，四十而不惑，五十而知天命，六十而耳順，七十而從心所欲不踰矩。（爲政）

今按：可與共學，未可與適道，可與適道，未可與立。此卽本章三十而立之立。又曰：不學禮，無以立。然則孔子三十以前，博文約禮，旣志道，又能立矣。

蘇轍曰：遇變而惑，雖立不固，四十不惑，可與權矣。

毛奇齡四書賸言曰：不惑是知人，知天命是知天，不惑是窮理盡性，知天命是至于命。不惑是誠明，知天命是聰明聖知達天德。蓋不惑則於人事不貿亂，知天命則全契天德也。今按：天命卽道之大原，亦道之全體也。是孔子五十而志道之學已達於大原全體之境矣。

劉寶楠論語正義云：說文：命，使也。言天使己如此也。韓詩外傳子曰：不知命，無以爲君子。言天之所生，皆有仁義禮智順善之心。不知天之所以命生，則無仁義禮智順善之心，謂之小人。漢書董仲舒傳對策曰：天令之謂命，人受命於天，固超然異於羣生，貴於物也。故曰：天地之性人爲貴。明於天性，知自貴於物，故孔子曰：不知命無以爲君子。二文皆主德命意。故君子知命之原於天，必亦則天而行。故盛德之至，期於同天。今按：知此，則據德之學與志道之學，亦一以貫之矣。故孔子曰：天生德於予，桓魋其如予何。卽此一語，而孔子之立，之不惑，之知天命，皆循序而可見。孔子之下學上達，正宜如是參之。必博文約禮，乃始知有立，有立焉而上達於不惑，又上達於知天命，而據德知道之學，亦胥在是矣。今若先懸天命一道教學者從事而學焉，而謂其餘事乃始可旁及於游藝博文之途，此則先教學者以孔子五十之所詣，爲顏淵之所喟然歎其欲從而末由者，而使學者轉於孔子十五之始學，且置爲後圖也。其可乎？其不可乎？治孔學者不可不深辨。

何晏集解引鄭玄曰：耳順，聞其言而知其微旨也。朱子曰：聲入心通，無所違逆。焦循論語補疏曰：耳順卽舜之察邇言，所謂善與人同，樂取於人以爲善也。學者自是其學，聞他人之言，多違於耳。聖人之道，一以貫之，故耳順也。今按：不惑，知天命，與耳順，此又一貫之學之循序上達而可見者。聖人由知有立而始能不惑，由不惑而始上達於知天命。既知天命，則不僅知己德之原於天，又知凡人之性之莫弗原於天焉。故苟知天，斯知人。既知人，斯聽言聞聲，皆知其所以然，則怡然理順，何逆之有。故子曰：十室之邑，必有忠信如丘者焉，不如丘之好學也。此孔子由知天之學，而轉落於知人，而有此極高至深之一境，而何其言之又若是其淺近而平實也，嗚呼！此其聖人之所以爲聖人也！

朱子曰：從心所欲不踰矩，隨其心之所欲而自不過於法度，安而行之，不勉而中也。今按：孔子之學，至於七十而達此一境，至是則據德之學與志道之學達於極則，亦卽一以貫之之學之達於極則，蓋至是而卽心卽道，卽心卽天，爲他人所莫能企及矣。所以有知我者其天之嘆也。後之儒者，乃卽懸擧此聖學極高之一境以爲教，使學者卽此而學焉。試問懸擧此以爲教者，果能自達於此境否乎？此既非孔門默而識之之訓，宜乎不能達於學不厭而誨不倦之地。則曷爲不循循然，善誘人，先博文，後約禮，且姑使教者學者之同能達於顏子喟然之歎之猶爲較切近而可冀乎？

李威嶺雲軒瑣記云：論語吾十有五章，集注程朱二說，皆極可異。程云：孔子自言其進德之序如此者，聖人未必然，但爲學者立法，使之盈科而後進，成章而後達耳。夫自志學以至從心所欲不踰矩，此豈人人之定法，又必人人十年而一進，恐世間無印板事也。是惟夫子親身自驗，故能言之。其發端一吾字，斷非誑語。乃以爲未必然，不知其何所見？朱云：聖人生知安行，固無積累之漸，然其心未嘗自謂已至此也。是其日用之間，必有獨覺其進而人不及知者。故因其近似以自名，非心實自聖，而姑爲是退託也。夫自志學以至從心所欲不踰矩，分晰得明明白白，何得謂之近似？且已實在承當，又何嘗不自謂已至此。似此影響之談，皆由視生知之聖爲不待學，而不知聖之自有其學，非猶夫人之學也。

今按：程朱所以必於此章爲如是曲說者亦有故。一則程朱論學，以志道據德爲本而當先，以依仁游藝爲末而在後，於孔門博文約禮下學一段不免忽過，一開始便要學者在仰鑽瞻忽處用力，捨下學而求上達，先覓錢繩，再求散錢，故其爲說有如此，此一也。又其一，程子言：灑掃應對，直上承天德，若下學上達，其間更無階程層次。於孔子十五始學，以至七十最終所詣，已一語道盡。若僅求之於言語文字，程子之說，亦無不是。而以教以學，則大有階程層次。宋儒所言，不免窺其高而忽略其基址，與夫其建構之層累曲折矣。故朱子必謂聖人固無積累之漸，此又一也。並此二者，所以終不免於此章有曲說也。自儒學大統言，宋明儒終自與先秦儒有不同，不僅陸王爲然，卽程朱亦無不然。孔子固曰：十室之邑，必有忠信如丘者焉，不如丘之好學。當知所謂忠信如丘者，固非指孩提之童之有其良知良能言，實乃指凡十室之邑之成人言，此等忠信如丘之成人，卽陽明所謂黃金一兩之聖人，亦卽明儒所樂於稱道之滿街皆是聖人也。然孔子自言所以異於人者，乃不在其忠信，而在其好學。子以四教，文行忠信，此非教人學爲忠信，乃本於人之忠信以爲教。而所教者，則文與行之二者，所謂博文約禮是已。孟子曰：大匠能與人以規矩，不能與人以巧。君子欲其自得之。惟其巧不能以與人，而欲其自得之，故大匠之所能與人者，僅止於規矩。故學必重於多見多聞，而宋儒必分德性之知與見聞之知爲二，又輕視見聞之知，教人直從事於德性之知以爲學，故必首重據德與志道，而不知當先從事夫下學，先從事於游藝依仁之學以漸求其上達，而漸企及於據德與志道之學焉。於是遂使學者，不見規矩，而高論大匠之奇巧。夫大匠誠非無此奇巧之一境。惟非所以爲學，亦非所以爲教。此則學術本末先後之辨，所以終不能謂宋儒之無走失於孔學之原樣也。惟李氏又謂聖人自有其學，非猶夫人之學，則語猶有疵，仍易滋人之誤解。蓋聖人之下學，本亦猶夫人之學，非別有其學也。惟其無以異於人之學，故曰下學焉。惟小人下達，君子上達，下達者，卽達於其所學之一境而止，其學謂之下學，故其達亦謂之下達也。而宋儒必以人欲釋下達，於是天理在君子，人欲屬小人，志學則必志於據德志道，而儼若與游藝依仁之學顯然有上下截之判，更不見其互通層累之一貫，此實宋學之失也。至其由下學而互通層累以漸躋於上達之一境，此則爲孔門敎學之所以異於夫人之學者，然亦由乎夫人之學而以通以累，而始更有其上達之一境耳。固非無此下學，而徑可躋此上達之一境也。

民國五十五年八月爲香港新亞學報作

七　孔子之教與學

孔子是中國的大聖人，二千五百年來，備受國人之愛戴與崇重。最近幾世紀，歐美學者，誦讀有關孔子的書籍，仰慕孔子之爲人，稱引孔子之言論者，亦日見增加。孔子之道，終必大行於後世。茲值孔子誕生二千五百零四年紀念，謹就平日淺薄所窺，略述一二有關孔子之教與學者，以伸高山嚮往之私意。

孔子是一個教育家，他曾說：「有教無類。」人類只要有教育，不該再有其他一切的類別。理想的教育昌明了，那時世界人類，將不再有國別，有種別，自然更說不上有所謂階級的分別。那將是一個大同與太平的世界，而這一世界則將由理想的教育達成之。

孔子不僅抱有如此偉大教育的理想，而且畢生爲此教育理想而努力。所以說：「自行束脩以上，吾未嘗無誨焉。」只要依照當時社交慣例來到孔子門庭的人，孔子從來沒有不加以教誨的。他又說：「與其進也，不與其退也。人潔己以進，與其潔也，不保其往也。」只要有人來，不追究他已往，不逆測他將來。誠心請教的，他就誠心教。他又說：「過我門，不入我室，而我無憾焉者，其惟鄉愿乎？」經過孔子門，孔子總希望他進來聽一番教訓，否則孔子心上總覺是一遺憾。但也有些人，不肯有理想，不肯有向上心，不想要自己再進一步而發心向人去受教，他們只想在這世上混過便算的，那便是孔子所謂鄉愿了。孔子只對這些人不再有遺憾。這不是孔子不願對他們施教，孔子只待有自發心的纔施教。所以說：「不憤不啟，不悱不發。」憤與悱，便是人類一種向上的自發心。照理，此種自發心，也該人人有，而孔子也決不會拒人於門外。

但孔子平日把些什麼來教人呢？他弟子說：「子以四教，文行忠信。」文指社會人文之一切。孔子是一位人文主義者，他的教育內容也偏重在人文。而人文社會中一切的業績，其起始莫不由於個人的行為。個人行為最要的發動，又莫不由於人類之天性。因此孔子之教，總是先就個人天性中某幾種美善的本質，如忠與信，來指點出個人行為所應有之道，本於此種人道作基礎，再經歷了歷史演變，而形成社會人文複雜的大綜合，孔子之教，本原於人心之忠信，究極於人文之大全，而以人類本身一切現實的行事為中心，這是孔子教育的大規程。

因此孔子很看重在其當身社會一切人文現實之所有。他自己：「吾少也賤，故多能說鄙事。」他又說：「執御乎，執射乎，吾執御矣都是。」射與御，當時社會兩件普通的人生技術，而御尤其是屬於爲人服務的，因此孔子自謙地說他願意當一個御者。若使孔子改生在現代，我想他決不會看輕教一青年學習替人開汽車。他也會高興做一飛機師。孔子的教育宗旨，只在根據各自當身的社會裏的一切人文現實，而只在由此使人透悟到人類文化之本原，之意義，與價值。這些人文現實之大總體，孔子當時則謂之禮樂，謂之文。孔子自己說：「下學而上達。」下學是學的當時社會人文一切的現實，上達則透達到人類文化大體之本原與意義與價值之所在。

孔子常不自稱爲一教育家，而常僅自稱爲一學習者。他說：「我有知乎哉，無知也。」他又說：「我非生而知之者，好古，敏以求之者也。」孔子之所謂古，即是那些人文遺產，即當時社會一切人文現實，由於歷史演變而來者。而孔子之所求，則在這些現實人文中，來追求其本原與意義與價值。

孔子以此學，也即以此教。因此孔子之教，更注重在身教，非言教。故他說：「予欲無言。」又說：「吾無行而不與二三子者，是丘也。」孔子即把他自己的全部人生來作教。孔子也即以他的好學作爲他全部的人生。孔子之道一以貫之者也在此。

孔子又曾說：「聖則我不敢，我學不厭而教不倦也。」他的弟子們便說：「學不厭，知也。教不倦，仁也。仁且知，夫子既聖矣。」孔子自己只說他是一個好學者，樂學者。

所以說：「知之者，不如好之者；好之者，不如樂之者。」又自己說：「其爲人也，發憤忘食，樂以忘憂，不知老之將至。」孔子只把他自己一番好學樂學的精神來設教，而他的弟子們，了解他們先生的教育精神的，便說這樣便已是仁與知，便已是聖人了。一個人，只從那種學不厭與教不倦的仁與知，做成了聖人，一個社會，也只從此學不厭與教不倦，來走上了人類燦爛光明的文化大綜和。人類文化，該是根據着人類的天性，而直達大同太平的理想。這一條大道，也可說卽是孔子所謂的下學而上達。孔子心中，一人之道與人人之道，仍是一以貫之的。

因於孔子之教，是這樣一種現實的身教，卽以他當身的實際人生來作教，所以孔子的教訓，若在言論上尋求，似乎沒有什麼一套特別肯定的內容。換言之，孔子沒有一套抽象的理論來教人。所以說：「子絕四，毋意、毋必、毋固、毋我。」孔子沒有一種固執的、必然的、自我的意見。孔子平常教人所重者曰道。道是活的，只指的由此至彼的一條路。孔子理想中的人生，該有一段由此而至彼的過程，那也就是學。

至於具體所學，則上面已說過，凡屬當身社會的一切人文現實，都該成爲學的對象。所以說：「大哉孔子，博學而無所成名。」禮樂射御書數，在當時謂之爲六藝，這是孔子當時社會人文現實中幾項具體的節目，孔子都學了。孔子又從這些人文現實向上追尋其來歷，探究其根源，會通其意義，發明其價值。因此孔子之所學，是一種人文的，同時也是歷史的。總言之，孔子是向人而學的。所以說：「我非斯人之徒與而誰與？」又曰：「三人行，必有吾師焉。」他的弟子們也說：「夫子焉不學，而亦何常師之有。」孔子向人而學，又向人而教，因此他的所學所教，他自己總括說來，只是一「仁」字。仁，便是人生之大道。仁之本原，在人心之忠信，見之於實際的私人生活之謂行，成之爲人類社會所共有的一切文化現實的大全體之謂文。這在孔子本身時代如此，在孔子以前的時代也如此，在孔子以後的時代仍如此。在孔子所未曾知道的社會，乃至在未曾知道有孔子其人的社會中，在孔子理想中推想，也該莫不如此。所以孔子的教與學，不盡在回顧，同時也有前瞻。不盡在守舊，同時也有開新。不盡在現實，同時也兼在現實中引發出理想。

如上述，孔子之學，針對着全人類而學。孔子之教，也針對着全人類而教。孔子之學與教，其精神，以全人類爲對象、爲範圍。於是孔子乃由於人的觀念而轉進到天。全部人類之出生，出生於此大自然，全部人類之生活，亦在此大自然之中，孔子平常所指的天，正指此大自然而言。孔子說：「天何言哉？四時行焉，百物生焉。」天無所言說而四時行，百物生。孔子所想學於天的，正想學此無言之行與生。所以孔子教人「默而識之」。他又說：「古者言之不出，恥躬之不逮也。」他又說：「躬行君子，則吾未之有得。」於是遂使孔子終於永遠是一個學習者，始終沒有好多懸空的大理論，更沒有像西方的哲學家們，各有他們一套曲折而精微的成系統的抽象的新創見，留傳給後世。他曾說：「吾有知乎哉，無知也。有鄙夫問於我，空空如也。我叩其兩端而竭焉。」孔子往往自承爲無知，對方一鄙夫來問他，鄙夫自然同樣是無知。但事情總會有兩頭，理論也總會有兩頭。本與末，是與非，一切總是有兩端。孔子只把他來問的那事情或那理論轉問他，直問到那本末與是非之兩頭之盡處，而無不罄竭了。於是那事情與理論之由此至彼的全體，卻在雙方本屬無知的，空空如也的心中顯豁呈露了。因此，孔子所教，人人可以學，而孔子所學，也人人可以教。本屬無知的，也自會有知了。這是孔子之教與學之自無而有，由人達天之最中庸而最高明的最不可及處。

因此，孔子只如是般，從人生切近處，求知與好學。但他因此學通了人之心，學到了人心之本原——「天」。而別人一時要想學孔子，卻會感覺到困難了。所以他的最好學的弟子顏淵不禁要喟然而嘆了。顏淵說：「仰之彌高，鑽之彌堅，瞻之在前，忽焉在後。欲罷不能，既竭吾才，如有所立卓爾，雖欲從之，末由也已。」連孔子也要自己歎息了。他歎道：「莫我知也夫！」他又說：「知我者，其天乎！」孔子似乎自己也深感到他自己已由知人通透到知天，所以才說知我者只天了。

然而孔子的日常行爲，則始終平易而切近，始終是與人共之的。他的門弟子又說：「夫子之文章，可得而聞也，夫子之言性與天道，不可得而聞也。」孔子自己也曾說：「民可使由之，不可使知之。」所以孔子始終沒有一套奇偉而高遠的教訓，超出於現實人事圈子之外的來留傳給後世。孔子所學的最高對象固是「天」。而孔子卻不說「天」。孔子不從天之最高明處來教人，他只從內面人類心情的大本同然處如忠信，和從外面人類社會的一切文化現實，如禮樂，從這內外兩端來循循然，善誘人。從這博文與約禮處，教人下學而上達。於是孔子也遂不能成爲一宗教的大教主。

然則孔子所留傳給後世人類的，究是些什麼呢？我想，照孔子自己的意思，他所能留傳給後世的，恐怕仍該是他那一番好學不倦的精神了。其實孔子之所學也甚有限，孔子只在學做人，孔子只在從人的方面學做人。惟孔子直向人心的深處學。孔子總認爲，人與人是大概相似的，孔子似乎並沒有承認他自己高出乎別人。但也沒有承認別人高出了他自己。他只從別人身邊學得了自己。孔子又常把他自己來教別人。所以孔子有時像是一個個人主義者。好像只想把他自己學成一個人，也只想教人學成一個人。所以說：「古之學者爲己。」好像一切學，該是只重在自己。但孔子的意思，認爲人人都如此般學，卻可到達天下太平世界大同的理想。那卽是孔子所謂的大道之行的時代了。

所以孔子自己說：「我十有五而志於學，三十而立，四十而不惑，五十而知天命，六十而耳順，七十而從心所欲不逾矩。」我們今且問，孔子所知的天命該是什麼呢？我們且不妨說：天既生了人類，自然希望人類能終極到達於太平大同的境地。人類不到太平大同的境地，終像是天命之未實現。其實天之生人，早本是太平與大同的。因爲人類社會自己多生出花樣，人類歷史自己多生出演變，而於是轉像使人類反而日趨於不平與不同。孔子教人學，正在學那人類同然一本之天性，正在透過那歷史悠長的演變，社會複雜的綜合，而所形成的文化多方的大體系中，來學到仍回於自然，學到復返於人之本，學到走上經歷人文演進後之人生大同太平之大道，那是生於天而歸於天，由天命之原始，到達於天命之終極，那始是所謂大道之行了。所以人若能知天命，便決然會耳順。耳順是說你聽別人話，都覺得順於耳，不覺得逆於心。這眞是大同太平大道之行的盛世感覺了。人人知天命，人人都會感覺得耳順，人人會聽到別人話，不再感其刺耳與逆心。若使一個人先到達此境界，這一個人的內心已先到達了太平大同的理想境界了。到那時，他的心已和人的心相通，一片天機，不再分別彼我與是非，當前總是一「道」。當下總是一「仁」。整個總是一「天」。於是那一人，便可從心所欲而不踰矩。孔子便是上述的那一人。孔子把他自己一生七十年好學不倦所到達的內心境界揭示於我們。我們若粗心驟然的看，不像孔子所學是在專爲着他個人自己嗎？

但我們也可說；只要在人類中，仍有一個人未到達此境，他聽別人話，依然感到刺耳與逆心，這世界則依然還不是眞大同，依然還未到眞太平。所以全人類各爲個人，還是爲着全人類。

而且我們也不能因爲全人類未到達此境，便不信有人能先到達此境。若我們沒有如此般去學，自不能就此懷疑有人能眞到達此境，正因全體人類均能到達此境之路途尙遙遠，所以孔子平日總是自承無知，不曾具體舉出某一番抽象的理論來教訓後世人，來憑空爲遙遠的後世人設教。但也正因爲孔子自感他自己確已到達了此境，所以他終於把他自己所學的那一番經歷來指導人。卻可使任何一時代的人都由於如他之所學而到達他之所到達。

自孔子誕生二千五百年後而至今日的人類，若我們能再一細聽孔子之所教，我們會有所憤悱，則孔子的教訓，卻正好給與此種憤悱以莫大的啟發！

民國四十二年十月爲香港祖國周刊作

八　孔學與經史之學

一

治論語者，不僅可以知孔子之學，抑亦可以知孔子之所由學與其所爲學。司馬遷有言，孔子序列古之仁聖賢人詳矣，孔子亦自言之，曰我好古，敏以求之，此卽孔子之所由學與其所爲學也。試觀論語，自堯舜以來，迄於吳泰伯伯夷，下及子產晏嬰之倫，可不謂詳乎？自孔子以前，學在貴族，古者謂之王官之學。孔子始以王官之學傳播於社會，於是而有百家之言。家言與官學相對而稱。家言者，一家之私言，以近世語述之，當稱爲平民學。劉歆謂王官之學散而爲百家，此蓋謂古代學術，乃由貴族學轉而爲平民學。換言之，古代學術，乃由貴族階級下降而散播於平民社會。而孔子則掌握其轉變之樞機。故論百家，必先及於儒，而儒學則創始於孔子；孔子乃家學之開山，亦卽古代王官之學之傳播人也。

史記謂孔子刪詩書，訂禮樂，贊易而作春秋。在孔子以前，已有魯春秋，有百國春秋，故孔子之作春秋，孟子曰其文則史，孔子亦曰述而不作。則孔子之前，先已有經籍，為孔子之所學。漢人稱之曰六藝，又曰六經。然漢人之六經，其遂果為皆孔子以前之舊籍乎？自漢以後，已迭有知其非者。此姑勿深論。但謂孔子以前已有經籍，則斷然無可疑。而後人又謂六經皆史，清儒章學誠備論其義，謂六經皆掌於古之史官，史官猶如後世之書吏。史官所掌，乃略類於後世衙門之檔案。六經皆史，在章氏之意，謂六經即略有類於當時各衙門官方之檔案耳。六經既為其時之衙門檔案，故遂綜之曰王官之學。惟孔子則研求此種檔案而深思獨見，有以發揮其所涵蘊之義理，宣揚其大道，自成一家之言。後世推尊孔子，乃推尊及其所研習，而崇其名曰經。故就實言之，則經學即史學也。明白言之，史學即官學也。則章氏之所謂六經皆史，乃指古代之官學言，其所指並不恰當於後世之所謂史。章氏文史通義特有史釋一篇，闡明此意。彼所謂六經皆史者，其義專有所指，實不遽類於後世之所謂史籍之史也。

然六經皆史，其語亦不始於章氏，蓋上承明代王陽明之所言，而陽明之所謂六經皆史，則並不如章氏之嚴格。其義蓋泛謂經學即史學，其所謂史，殆僅指古籍言，治古籍即猶之治史學矣。孔子之學，非宗教，故不上求之於天神；非科學，故不旁究之於萬物。孔子之學，蓋本原於人文社會之演進，專就人事而推尋其義理，雖非狹義之史學。然亦非狹義之官學，用今語述之，當稱之爲人文學，庶乎近是。孔子乃就古代典籍，就其歷史演變，而推尋研求人文社會之一切義理之學也。故曰好古，敏以求之。然孔子之注意於古典籍，仍復有其注意之特點。孔子固非僅務見聞之博，記誦之廣，而惟古之求。孔子乃於古典籍中，就於歷古之仁聖賢人，闡明其所言論，所作爲，而求有以會通發見於人文社會之大道。故孔子之所爲學，以今語述之，固不妨稱之曰史學。惟孔子之史學，乃屬廣義之史學，乃泛指一種全體的人文學而言。故曰孔子志在春秋，行在孝經。春秋固史籍也。惟此爲孔子生平惟一之著作。孔子有志於此人文社會之整體，故曰志在春秋。其私人踐履之所由始，則始於爲子弟之事其父兄者，故曰行在孝經。

二

然孔子之道大，孔子欲其弟子知所以扼要統宗而求之，故其告子貢曾子，皆曰吾道一以貫之。子貢曰，顏淵聞一以知十，賜也聞一以知二，因遂自謂不如。推子貢之意，乃欲就獲聞於孔子之所言，而推類引伸，以及於更廣大更泛博，而增益其所不知。此顯爲未得孔子一貫之旨者。而曾子則曰，夫子之道，忠恕而已矣。後人遂謂曾子傳孔子之孝經，未嘗謂曾子傳孔子之春秋，其語殆非無本。曾子之學傳而爲孟子，孟子之學，規模較曾子爲博大。然孟子亦知就於一貫之旨，以上窺孔子之所學者，故孟子能發明性善之旨，而大有功於孔門。

孟子之後有荀卿，其學非孟子而主性惡。孟子主性善，故偏言仁；荀子主性惡，故偏言禮，此皆有得於孔子之一偏。而荀子又有法先王法後王之辨。法先王必遠溯之於上古，法後王則僅自限於當世。就人性論，苟能遠以求之，就其永恒之流變，與趨勢之大歸而觀，則人性之終極向善，易於證見。若專就當前現實，就短時期之演變論之，則常易使人陷入於悲觀，每僅見於人性之黑暗，於人性之惡。此荀學之所由與孟異。故荀子之學，不免偏重於禮法，而忽略於教化。若就其大體論之，則孟子荀子皆爲史學。惟孟子直溯遠古，而荀子則偏重近世。然荀子亦言之，曰：知通統類。又曰：明百王之道貫。豈不以治史學者必溯流而窮源，始有以明其統類，得其條貫。而荀子之教人，則偏重於知今，而較輕於窮古。孔子曰，久矣吾不復夢見周公，又曰郁郁乎文哉，我從周，又曰，如有用我者，我其爲東周乎。此卽孔子之法後王，此實爲荀子之所承。孔子亦何嘗不重當世？然孔子之學，則殊不盡於此而止。學孔子者，必知周公以前尙復有堯舜禹湯文武，然後乃知孔子之學之所由來。荀子生當諸子競鳴之際，憂其言無統類，各就所知所見以爲言，而求有以建其宗主，而爲之限斷，故宗主之於孔子，亦限斷之以孔子。在荀卿之意，若復由孔子而上溯，既如墨者之言大禹，老莊之言黃帝，知不通於統類，則將泛濫而無所歸宿。荀子乃急切以求，斬割以言，然而不能謂其不有流失於孔子之學統也。

然孟荀皆儒家，要皆知就古以求，而其他諸家，則不復盡然。蓋皆自我而作古。墨子較先出，尚亦知稱道詩書，上法大禹。墨者後學則不復治史，兼愛之說，流衍而爲名辨。引而上之，則復遠本之於天志，其言頗近於西方之所謂哲學與宗教者，而於史學爲無當。道家寓言無實，就堯舜而上推之於黃帝，益荒唐玄遠，其去史實益甚。道墨而外，等諸自鄶。或主管仲，或主晏嬰。孟子曰，子誠齊人也，則知管仲晏子而已矣。或更引而近之，主商鞅，主申不害，此亦一法後王，亦何嘗不切己當身。此等人之於當時，如管晏申商，其言論行事，亦何嘗不見有一時之實效，何嘗不足以爲人所師法？然而雖小道必有可觀，致遠恐泥。百家之言，因其背於史而亦離於經。於是詩書古典籍，遂不爲彼輩之所重。此又當時學術界一大分野也。趨於極則終至於有韓非。韓非從學於荀卿，則知荀卿之即以後王爲限斷，其弊有不可勝言者。

然其時則復有專就古籍以爲直接孔學之眞統者。鶤鵾已翔於遼廓，而羅者猶視夫藪澤。於是或治詩，或治書，或治春秋，或治禮樂，彼不知孔子之所學在是，而孔子之所得則不復在是。求古而自限於古，不復足以通之今，此荀子之所爲欲隆禮樂而殺詩書者，亦有慨於此輩而然。此輩姓名不盡傳於後世，雖其聲名湮沒，然其潛力之在當時，則亦研治學術史者所不當不知也。

三

秦之衰，漢之興，當時之學術界，大略而言，其服務於政府者，知有法律而已。法律何自來？則沿襲之於秦。其號爲深遠莫測者，則高談黃帝老子。黃帝老子何所語？曰，莫大於無爲。無爲而不可不爲則奈何？曰一仍舊貫。若是，則仍守後王之法，仍知循秦人之舊而已。於是荀卿韓非老子，乃滙而爲一流。其游食於諸侯王者，有文學，有縱橫，有神仙。彼輩之所見聞，上之曰陸賈，下之曰蒯通，上下之所通，則曰安期生，曰海上仙人。彼輩莫不指天劃地，睥睨於朝廷王國間，幾幸天下之一旦有事，而置身於青雲。否則誇宮室之壯麗，導男女之淫樂，耀藥物之珍秘，競辭賦之奢大，以圖當前游食之驕逸。彼輩蓋不得志於朝廷，因亦不安於秦舊，而上覬戰國晚世之所有，心期諸王爲燕昭，築黃金臺，而自居於郭隗死馬之列。蓋如是焉而止。故漢廷之表章六經，罷黜百家，實起意於復古更化。更化者，化此晚周亡秦之覆轍。復古者，復於三代堯舜之前軌。故詩書之在當時，見稱曰古文。必上窺古文，始知歷史淵源。必知歷史淵源，始可以矯挽此晚周亡秦近世之頹波。則漢廷之宏獎經籍，實亦宏獎史學也。今試游心而思之，若果漢廷不宏獎六藝，一如秦廷之禁錮詩書，惟留黃老申韓，下及枚乘司馬相如之徒之辭賦，則中國之古史，亦將何所憑藉以復傳於後世。故漢廷之經學，就其實而論之，卽當時之史學，而董仲舒司馬遷爲其選。

董馬皆治春秋，皆史學也。董子之學，見之於漢廷之制度。馬遷之學，則見之於國聞之整理。其均爲史學甚顯。其他諸儒，亦莫不曰通經致用。通經則溯諸古，致用則施之今。此不得謂其無當於孔學之一端。而流弊所趨，則有兩歧。一曰專經，一曰比附。何以謂專經之弊？經學必稱六籍，以近代觀念繩之，若易經屬哲學，尚書春秋屬史學，詩經屬文學，禮樂屬政治制度乃及社會風教，亦史學也。如是則支離破碎，無當於孔學之所求。孔子之所用心，則在人文社會之整體。必求於人文社會整體大道有所見，則必會通此諸端者而始有以見其全。故孔門所治，非哲學，非文學，非史學，非政治社會學。乃求會通此諸學，必上溯之上古，必下通之當代，直上直下，而發見夫人生之大道，以求實措之於當身。此孔學之所宗主也。若專經則割裂，知其一不復知其二。離於史學而言經，既非孔學之眞旨。即復聞一知二乃至聞一知十，多學而識，終非一以貫之。此所謂專經之弊也。何以謂之比附之弊？上治古籍，有以窺見於歷古仁聖賢人之用心而實措之於當世，斯爲明體而達用。不此之務，而徒援據偏辭，張皇隻義，強求會通，此乃平津侯之曲學阿世。其流弊所極，則有如京氏之易，齊之詩，公羊之春秋，莫不上尊孔子，儕之爲神，而下伍儒生於巫覡。此之謂比附之弊。於是物極必返，乃有東漢馬鄭之所謂古文經學者起而代之。

馬鄭之學，其長在能有意於篤守經籍之本眞。非通諸經則不足以通一經，故不專治。

淡於用世，故不比附。雖怪誕未盡，而虛華已謝。其弊則忽忘於經籍之大用。王充氏已誹之在前矣，曰：知古而不知今，是謂陸沉。孔子作春秋，筆則筆，削則削，游夏之徒不能贊一辭。使馬鄭復立於孔門，亦極於爲游夏之徒而登峯超極矣。馬鄭之述而不作，非復孔子之述而不作。其貌似，其神非。於是經學史學乃相離以爲學。班固蔡邕爲一流，馬融鄭玄爲又一流。經史之分，將如河漢之不可復合，是則東漢儒者之鄙也。

四

魏晉以下，南朝則史勝，北朝則經勝。史勝者似文而實質，以其自沉溺於當世之事變，不能超越現代而游情於古昔。經勝者，似質而實文，以其上窮往古，可舉以與當世現實相繩覈，而有以見當世之不盡是，有所想望參比，而求有以一變當身之卑近，於是有蘇綽王通之徒，而下啟隋唐之光昌。

唐制襲於隋，隋襲於北周，此皆宇文泰蘇綽之緒餘，而唐代諸賢，顧不尊蘇綽而好揄揚及於河汾之王氏。此何故？曰：蘇綽本於經而向下引致之於史，王通達於史而向上推致之於經。蘇綽之所建樹，盡於現實而止，而王通之所思慮言論者，則每每脫出於當代，寄情於玄古。經史之末流，既一分而不可復合，則蘇綽偏近史，王通偏近經。貞觀一朝諸賢，討論政教措施，不甘長自隱於周隋之脅下，而必上承兩漢，遠迹三代，則政法規模，雖近襲之蘇綽，而風教理據，必遵仍於王通，此亦唐人之卓識，所以成其為一代之宏製者，固非偶爾而然也。

顧自魏晉以來，佛學東播，當時之學術界，擴而論之，不僅經史異塗，抑且理事分席。貞觀諸賢，伉直如魏徵，其於諍論所及，就當時之見解論之，亦極於就事論事而止。若必上窺邃理，窮探幽深，非如房玄齡，殆不堪當。故有唐一代，可以有史學，而不能有經學。可以有政事，而不能有教化。教化之與經學，當求之於浮屠，當求之於梵貝，而孔穎達之五經正義，遂終不為唐賢所重。唐人著作，如劉知幾之史通，杜君卿之通典，其卓卓者，皆史學也。而經學大儒，則蔑焉無聞。而遂有昌黎韓愈氏者出。

昌黎之學，非經非史。經學非其所長，史學非其所願。乃曰所願則在孟子。必挽理而歸於事，必崇事而會之理。其自道所學，則曰好古之文，因以好古之道。道則貫通古今，雖非經非史，而亦經亦史。經史之所會歸，亦會歸於道而止。經史之所本原，亦本原於道而止。然而此非韓愈氏一人之所能肩之而趨者，於是而下開宋儒。

五

宋儒之學，有偏於經者如王荊公，有偏於史者如司馬溫公。荊公溫公新舊之爭，不僅爭在政，亦爭在其所學。荊公論政，必上追三代，偏於重理想。溫公論政，則依循漢唐近效，偏於重現實。現實與理想之分，即史學與經學之分也。蘇氏蜀學近溫公，程氏洛學近荆公。蔡京擅權，其時則尊荆公，抑溫公。南渡易轍，其時則尊洛學，抑新學。要而論之，有宋一代之學，經勝於史，是其大趨。故唐人科舉考詩賦，而宋自荆公以下，易之以經義，此雖溫公不能違，可以覘時代之嚮往焉。

顧就本原論之，則經學實史學也。偏陷於近代，偏陷於現實，雖曰是史學之恒趨，實非史學之上乘。偏陷於古典，偏陷於舊籍，雖曰是經學之共嚮，亦非經學之眞際。王安石自爲三經新義，頒諸學宮，懸爲功令，其所以必造新義者，夫亦曰經學貴通今而致用，西漢之伏董，東京之馬鄭，其義已不足以會通之於宋世，則在宋而治經學，必賦以新義無疑。新義何自來？曰新義雖仍一本於經，而亦緣起於世變。必不昧於世變，而又能會通之於舊統，以有見於古今百世之道貫者，而後經學之新義始立。然則經學之新義，豈不將仍求之於史學乎？荆公抱滙古宏今之大願，而有志於勒成一家言，以一新經學之面目，固不失爲識時務之俊傑，而惜乎當時之趨勢附時者，不能通荆公之所通，不能志荆公之所志，則本欲變學究爲秀才，轉變秀才爲學究，此荆公及身之自嘆，不徒可以見荆公之心事，亦以見治經而不能見其大，不能求其通，仍必自陷於漢人之專經比附與夫章句訓釋之舊穽，而莫能自拔也。

顧荆公本身，亦自有其偏蔽。荆公創三經新義，實偏重於周官。求荆公之用心，極其所至，亦仍猶夫荀卿之隆禮樂而殺詩書。荊公亦僅知會通於古今之政制，而未能重定一世之事理。論荊公之學統，近之則不越歐陽永叔本論與新唐書諸志之所陳，遠之亦仍沿北周蘇綽之遺轍。故荊公晚年，政治趣味既衰，卜居金陵，轉依釋氏以自娛，是荊公雖遠希上古，其造詣亦殊未能卓絕唐賢，如房玄齡裴度諸人之所養。其本原既非，而高論創制變法，宜不爲溫公東坡諸賢所悅服。故循昌黎之所想望，其先必達於廬陵與臨川，而繼此益進，又必止夫伊川與考亭，此有宋一代學術趨嚮所必然應有之大勢，自今論之，其軌轍蓋甚顯也。

六

蓋政制僅事理之一端，而人文社會之事理，必通觀之於人文社會之整體，乃始有以見其所以然。欲識人文社會之整體，固不能昧於古昔，專據現代，故治史者必上通之於經。而經學精神則仍必向於史而止。必待夫史學之窮本探源而乃始有所謂經學者，其意至於晦庵朱子而始定。朱子平生努力，重於述，不重於作。而其述古之尤大者，則在其四書集注。自今論之，朱子之四書集注，即猶王荊公之三經新義，皆不過求爲經學下新注耳。唯漢儒治經，側重於孔子之所由學所爲學，而未能眞窺見於孔子之學之所得。若論孔子之學之所得，則既大備於論語。而論語之在兩漢，僅爲治經籍者幼學之階梯。是漢儒治學，實乃由孔以窺經，非能循經以見孔。漢儒雖尊孔，而未能以孔尊孔，實以尊經者爲尊孔也。故漢儒之學，實經學，非儒學。朱子盡精竭瘁爲論語作注，殆是探驪得珠妙手。然論語精妙非可驟見，故朱子教學者由論語而下求之，於是有曾參氏之大學，子思氏之中庸，孟軻氏之孟子，合論語而定爲四書，以爲由是而尋之，庶乎可以窺見論語之眞趣。故朱子之四書，自兩漢學者目光論之，實儒學，非經學也。然儒學之在漢代，則殆非所重。而自晦翁以來七八百載之遙，學者遞有探索，又知大學非曾參作，中庸非子思作，其所創獲，若旣超越於晦翁之上。而晦翁之意，則若謂學孔子者，當學之於孔子之後學，不當學之於孔子之前賢。學術所重，當重於孔子所創之儒學，而不當仍重於孔子所從學之經籍。則遙遙千古，仍少解人。故若以兩漢所治爲經學，則宋人所求，實爲儒學，而其間分別，必至朱子而後定。故欲尊孔子，必通朱學。朱子之學，蓋不尋之於六經，而直尋之於孔氏，此朱子一特識也。其尋之於孔氏者，不僅尋之於孔子之當身，而徧尋之於孔子之後學與繼起，此又朱子一特識也。故朱子於四書之後，又特提西漢董氏，隋之王通氏，唐之韓氏，而下及於宋代濂溪伊洛諸賢，此猶孔子序列古之仁聖賢人之遺意。由是論之，朱子之學之最要精神，仍亦一種史學也。朱子蓋亦一種由史以通經之學也。

論儒學之精神，必知孔子之所謂好古敏求，不自我而作古。何以謂之自我作古？如治墨學，必推極於墨子，於墨子以前，雖若猶有所尊，則曰大禹，然大禹之所以爲大，則旣荒遠而難稽，治墨學者又必上推之於天志，天志則更渺茫而無着。如治老莊道學，必推極於老莊，老莊而上，則別無可尊矣，曰黃帝，曰神農，伏羲，其爲荒遠也益甚。曰自然，則已非人文社會以內事。治縱橫則祖蘇張，治法術則祖管商申韓，治名辨則祖惠施公孫龍，此數子者，皆可謂之自我作古。我愛我師，我尤愛眞理，眞理既在我，則何妨由我而作始哉。獨孔子之爲學則不然。孔子曰，我非生而知之者，好古敏以求之者也。孔子自述所得，乃得之於前人，而非得之於本己。故學古學者必治史，必不自我而作始。亦不當以孔子爲限斷。故朱子雖推尊四書，而四書之上，仍不能不有五經，而朱子之於五經，其見解又獨爲超越。

朱子曾自注易矣，曰，易爲卜筮之書。朱子曾自注詩矣，然於詩之風則曰，此男女淫奔之詩也。朱子於詩易，自許能推翻前人窠臼，直探詩易之本眞。其於書，朱子曾疑古文，又知尚書特史之一種，其間多天文地理算數名物，當詢之於史學專家，故委其弟子蔡沈氏爲之注，蓋未親自致力也。其於春秋，蓋謂孔子作春秋，乃孔子當時所見所聞所傳聞之近代史實也。學孔子者，亦當各自注意於其本身當時所見所聞所傳聞之近代，始有當於孔子作春秋之遺意。故欲就溫公通鑑創爲綱目，卽此以爲春秋矣。昔司馬遷學於董仲舒，得春秋微旨而作史記，後世通其意者殆爲朱子。溫公則直接左傳而成通鑑，溫公之用心，重史不重經。故朱子必欲就通鑑而作綱目者，其微旨正在此。其於禮樂，則謂禮樂當隨世而變，不得位則無可制禮而作樂，故僅寫爲家禮，曰以傳其子孫。故朱子於五經，其見解之通達透闢，上較荆公，已超出甚遠。元明以來。遂一尊朱子，即以朱子之四書五經懸爲制舉之功令，而盡捨荆公，不復采其所謂三經新義者，是亦不得謂後世人無別擇也。

孔子又有言曰：吾欲見之空言，不如見之行事之深切而著明也。然則吾儕逆推朱子當時之意，豈不亦曰，我欲了解孔子，與其了解之於孔子以前之古經籍，尤不如了解之於孔子以後治孔子學者之思想遞變之史跡之爲更有據，更可憑，爲更深切而著明乎。則朱子之學，豈不亦可謂其重視史學尤甚於重視經學乎。曰：是則又不然。朱子之於當時，則旣盛推洛學，而輕視溫公。其於荆公，猶多推挹之辭，獨於蘇氏蜀學更多鄙斥。即在其交游朋友間，亦極推南軒，而深戒東萊，謂其以史學授後進，乃將教壞了後學之心術。則朱子之學，若又明明重經不重史。陳龍川與朱子往復辨難，更可以徵史學與經學之分際所在。蓋史偏於事，經偏於理。在朱子之意，吾儕之所欲了解於孔子者，在求能了解孔子所明之理。在孔子則就其當時之事而見理，在吾儕則貴能各就吾儕當身所遇之事以求理，故朱子繼伊川而言格物窮理。在伊川朱子當時之所爭，蓋尤用力於爭儒釋之疆界。儒釋所爭在理不在事，故必能深造於格物窮理之學，乃能挽回魏晉以來佛學之囂張，而重返之於孔子之眞。然格物窮理，實非初學急切所能冀。在朱子之意，若謂吾儕今日所求之理，其大體仍將不背於孔子當時所明之理。何者，此人文社會之整體，既未有所大不同於孔子與今日之間，則孔子當時所發明於此人文社會之理，豈不將仍通於今日。我儕之所務，既在就人文社會之整體而研尋其事事之理，則格物窮理固不妨與讀書明理兼途而並進。故宋儒之學，至於程朱，就實正名，當曰理學。理學者，因其主於就人文社會而求其事事之理。宋儒乃因於重視尋求人文社會事事之理而尊孔，非卽奉孔子以爲人文社會一切事理之準則。故於讀書明理之外，尤主格物窮理。惟孔子以來，儒家之學，固無不重視於尋求人文社會事事之理者，而此所謂理，雖因社會之變而有其變，亦因社會之同而有其同。故程朱雖主格物窮理，亦無害於其又主讀書明理之相輔而爲學。惟專就讀書言，則程朱之意尤重視夫四書。程朱之於四書，蓋不啻兩漢諸儒之於六經。故縱謂四書乃宋儒程朱一派所尊奉之新經典，亦無不可。然則孔子尊六經，而程朱尊四書，謂其貌離而神合，亦無所不可矣。

七

然卽由此而復啟宋儒之爭點，是爲陸王與程朱之爭，亦卽後人所謂心學與理學之爭也。宋儒之學，既重在求明夫人文之理，既重在沿孔子之成規而求明夫此人文之理，則試問孔子之所明於此人文之理者，今又當於何而求之？曰孔子則求之歷古之仁聖賢人，求之歷古仁聖賢人之言論與行事，就其言論行事而得其用心之所在，而有以深見夫彼歷古之仁聖賢人者，其用心乃有其條貫，有其大同。孔子曰，吾道一以貫之，無亦曰卽貫之於我之此心之與歷古仁聖賢人之心之大同，而成其為條貫者。此在孔子則謂之仁，曾子則謂之忠恕，孟子則謂之人心之敬與愛，謂之人性之善，而人文社會種種之理則胥由此而出。然而今人之心則猶古人之心也。愚夫愚婦之心，則猶古之仁聖賢人之心也，故陸王乃主反身求之，卽心卽理。於是六經皆我注腳，是不啻謂經學卽心學矣。孔子之學，本主好古敏求，固未嘗謂反身而求之於吾心而卽得也。然孔子言仁，言一貫，其所得者固不出於吾心。曾參孟軻乃由此而暢發之。則陸王固不可謂其無當於曾參孟軻之所傳。曾子之言忠恕，孟子之言敬愛，豈不猶如象山之言吾心，陽明之言良知乎？然而陽明又言六經皆史者則何居？豈不為歷史不外乎人事，而人事全本於人心。無此心卽不復有此事。故治史學當以心學為主，人心之積而為史心。無所見於人心，而謂有所見於史心，天下無此理。無所見於史心而治史，則史者一堆堆之事變，亦曰陳人之陳迹而止耳。故陸王之心學，必主於人事與世變。象山重篤實踐履，陽明重事上磨鍊，此皆偏重於人事與世變也，其實則猶之伊川晦翁之格物而窮理。惟陸王之意，格物窮理乃其末，反求之人心者乃其本。必先有見於此心，而後可以運此心以格物而窮理。如是則陸王之所側重，雖在於人事與世變，而不主遠求之於往古，乃主反身切己，卽求之於當前本身之所遇。如是則孔子以前之六經，乃更非陸王之所重。故陽明曰六經皆史，其意亦不啻謂六經之所載，亦皆古人之所得於其當身之人事與世變之學耳。

然而孔子固未嘗謂人事世變之理，一一可以即求之吾心而遽得也。惟孔子既言一以貫之，而貫之者實惟人心之仁與忠恕與敬愛。顏淵曰，博我以文，約我以禮。孟子亦言之，學者必由博而返約。約則必歸於吾心。陸王單刀直入，即以心學為宗主。此不得不謂陸王之有所見於孔學之精微，然而終亦不得不謂陸王之有所失於孔學之博大。然陸王之言吾心與良知，要之皆近於孔子所謂以約失之者鮮矣之教。而終亦不可謂之為孔學之本眞，於是復有晚明諸儒起而矯其偏，救其弊，而晚明諸儒之所得，則若於史學為尤近。

八

言晚明諸儒，則必以顧亭林氏為之巨擘焉。亭林之言曰，經學即理學也。然隸亭林於經學，終不如謂是史學之尤允。梨洲船山皆史學湛深。史學固必博稽之於遠古而窮其源，然史學亦終必切證之於當世而見其實。而其時則適滿清入主，文網之嚴，使學者不敢昌言近代當身事以賈禍，故晚明史學終不昌，其末流則曲折以滙於乾嘉之考證。考證則僅史學之一端，訓詁校勘皆考證所有事。以訓詁校勘考證為經學，極其所止，則鄭玄氏而止，許愼氏而止，終不出於東漢諸儒之樊籬。然而其所以為考訂之方法則甚精甚密。乾嘉之學，蓋以治史之術治經。故所謂乾嘉經學者，就實言之，誠亦史學也。惟僅為一種狹義之史學，而且為狹義史學中之微端與末節，而無當於史學之大義。其在當時之所自詡，則曰實事而求是。不知古書乃前人之糟粕，既不得謂之爲實事。求古書之眞是，亦非卽求人生社會事理之眞是。訓詁校勘考據，可以治古書，而非所以治人生，明事理。淸儒之求是，乃自限於求古經籍之是，非能直上直下，求人文社會大道之是，非能求當身事爲之理之是，亦未可謂之求人心之是，而捨乎人心，捨乎當身之事爲，捨乎人文社會之大道，更何所謂實事？然乾嘉學術之偏陷，亦誠出於不得已。道咸以降，淸室文網旣弛，學者遂復從東漢許鄭返尋而上，溯及西漢，而有意於董子與公羊。此卽求爲一種通經致用之學，其意已非訓詁考訂而止矣。然董子公羊之於西漢，雖不失爲通經致用，而用之於西漢者，未必卽能用之於晚淸。在西漢人之所謂通，亦非卽是晚淸人之所欲通。通於西漢，大可不通於後世。所謂通經致用者，貴在於本諸當身近世而求其通，而晚淸學人，則仍不免本之西漢之所通以爲通。於是襲魏以下，迄於康有爲之徒，乃自成其爲一種非經非史，非漢非宋，無當於事理，無當於人心，而徒自揭櫫之曰此經學也，此孔子之眞傳也。是乃晚淸末流之學病。然若不察於此，卽以晚淸之學病病經學，卽以晚淸之學病病孔子，則又別自成爲又一種不通之見矣。

九

當乾嘉之時，經學方盛，亦有重倡六經皆史之說者，是曰章學誠。章氏之意，本在鍼砭當時媁經媚經之學病，而眞有冀夫實事而求是。章氏自述學統，由梨洲上溯陽明，蓋有得於期由史學而通心學者。章氏論學，力求不持門戶偏見，其論學派，自承爲浙東之薪傳，而亦不菲薄浙西之所長。故亦盛推顧亭林之博古通經，而謂乾嘉經學，則僅得亭林之緒餘，而已昧失亭林之本原。章氏自謂不失爲持平之見。故謂朱陸之異同，乃千古不可無之異同。就其所分析，朱子蓋由經學而上進於理學，陸王則由心學而下逮於史學也。

清末廣東有朱次琦，頗有意會通漢宋，浙人朱一新，亦明夫經學史學之分合流變。南海康氏既師事次琦，又獲交於一新，其初講學番禺萬木草堂，爲梁啓超陳千秋開示治學新軌，獨標心學史學，爲學術兩大塗轍。若循此以爲學，庶亦可以上承陽明，下通實齋，尚無背於經學卽史學之宗旨。而南海信道不篤，持守不堅，誤信蜀人廖平氏之荒言，勦襲其說而爲新學僞經考、孔子改制考，此兩書者，非研經，乃辨史。顯已由經學而轉爲史學矣。此亦途窮思變，爲大勢之所趨，而惜乎康氏不自知，猶守經學之門戶，猶旁漢人家法之藩籬。於是以主觀之成見，而貌襲考訂之矩矱。其所主張，無一而是。而於是其所謂孔學者非孔學，所謂經學者非經學，所謂史學者亦非史學，而理學心學皆置不問。狂流所趨，至於晚近世之學絕道喪，罪魁禍首，康氏實不得辭其咎。

康氏顧獨大聲疾呼曰我尊孔，曰我欲復興孔教。而復傲然以當代之新孔子自居。蓋康氏之學，其用心固亦欲上溯之於孔子與六經，而近通之於近代與當世，惜乎其志大而才疏，其深中痼疾之癥結，乃在於急功近利，一切惟以變法維新救亡圖存爲迫不及待之倉皇，而不復深求之於古人之眞相，抑亦不復求之於古人之眞得，遂欲憑藉六經以爲一己號召之注腳，跡近於陸王而實不能爲眞陸王，貌似於乾嘉而又心不屑爲眞乾嘉，極其所能至，仍不出荀卿之隆禮樂而殺詩書之意見。然固遠不足以仰望荀氏之項背。而康氏以來，乃竟未有能糾正康氏之失者。

民初新文化運動以還，學術界遂有疑古之新趨，其淵源所自，實出康氏。而打倒孔家店之呼號，亦不得謂非由於康氏尊孔創教之妄說有以相激相盪而使然。物極則必反，矯枉者過正，繼此而往，遂至於今日，馬列洪流泛濫於中國。有所爭，而所爭者非學術。有所持，而所持者非實事。有所見，而其所見實昧吾心以爲見。學術之變而爲意氣，爲流俗，學術之積僘，其害極於人心之喪亡而失眞，此已非言辭之所能爲力，所堪以挽此狂瀾於既倒矣。

十

然而反觀既往，孔子既爲中國人傳統所尊，六經亦爲中國人傳統所重。若天不喪中國，中國人猶有遺胤再復得生長食息於此霄壤間，引而遠之以極於無限，我固無所知。若就近以觀，百年二百年乃至於五百年之內，謂孔子遂可以亡失於中國之人心，六經亦可以棄絕於中國之學界，斯吾所未能信，苟稍有能平心以思之者，殆亦將莫之信。然僅就學弊而言，則西漢人之尊經，乃上儕孔子於天神，此決非孔子之眞相。東漢人之尊經，乃斤斤於章句之與訓解，此亦非孔門之教法。淸代乾嘉時人之尊經，經籍僅爲其時所獨擅之校勘訓詁考訂之學之材料，人人埋首於故紙堆中，惟字形字音字義之是求，此亦決非孔學之宗主。晚淸康廖諸人之尊經，其意惟在於疑經，在發經之僞，在臆想於時代之所需要而強經以從我。蓋經學至於是，已墮地且盡。康廖之弊頗似於西漢，其意皆欲本世用奴經術。惟西漢蒙其害，亦獲其利，故猶能維持於數百年之久。東漢馬鄭之徒目擊其敝，而無眞知大力以爲挽回，故僅不失爲一經生，而猶獲稍存經藉之眞相，以期待於後世。乾嘉諸儒，則不得已而爲之，其於古書有貢獻，於經術無發明。論其得失，如是而止。今若有志於孔子之學，則洵非經學所能盡。然孔子固曰好古敏求，孔子既不自我而作古，學孔子者亦決不以蔑經爲尊孔。有所謂理學焉，有所謂心學焉，雖與經學相通，亦非經學之所能範圍。今人則積非成是，談古色變。一若古之不絕，則今之必亡。古今成爲水火，則不僅六經爲古書，孔子爲古人。乃至吾父吾祖而上，已莫不爲古人。昔孔子論語，序列古之仁聖賢人而好古敏求，以自成其所學。而若今人之意，則人之既古，斯必不仁不聖不賢，可以一概而棄絕，縱或爲仁爲聖爲賢，亦當淡然而旁置。惟古乃爲不祥之尤。而惜乎言之不可若是其幾也。今人之自詡爲新學者，就詢其所學，則固無一而非古人之所遺。古今之間，又何從立此一限斷。其實今人之所主爲古今之辨者，夫亦曰中外之辨而已。學於外者，雖古而皆珍。又何嘗惟古之是棄乎？故我知孔子之學，終亦必仍存於中國之人心也。

惟孔子之道大，未可一端而窺。孔子曰：知之爲知之，不知爲不知，是知也。爰敢就其所知，略陳孔門弟子以下，孟軻荀卿之徒，下及近世，其有志於孔子之學而從事焉者，爲之辨其流變，論其得失，是亦一種史學也。是亦孔子論列古之仁聖賢人之遺意也。敬以爲孔子二千五百又二年之誕辰作紀念。知我罪我，是在讀者。

民國四十一年十月爲香港民主評論作

九　從朱子論語注論程朱孔孟思想歧點

一

朱子注四書，元明清三代，懸爲功令，家誦戶習，踰七百載。淸儒刻意攻朱，訓詁考據，凡朱注有失誤處，幾乎盡加糾剔。然亦有朱注已得在前，淸儒存心立異，轉失在後者。若論義理闡發，則淸儒斷不足以望朱子之項背。乃朱注亦有違失孔孟原旨者，並所違失，盡在大處。此因程朱與孔孟，思想體系，時異代易，本有歧異，朱子以宋儒宗師解釋先秦孔孟舊義，雖盡力彌縫，而罅隙終不能合。余曾有孔孟與程朱一文，粗發其緒。此文則專舉朱子論語注爲例，然亦僅拈其大綱節所在，不能詳備，讀者諒之。

程朱與孔孟思想最大相異處，乃爲其關於天與性之闡釋。

陽貨篇第十七，子曰：性相近也，習相遠也。

朱注：

此所謂性，兼氣質而言者也。氣質之性，固有美惡之不同矣，然以其初而言，則皆不甚相遠也。但習於善則善，習於惡則惡，始相遠耳。

程子曰：此言氣質之性，非言性之本也。若言其本，則性卽是理，理無不善，孟子之言性善是也。何相近之有哉？

今按：論語僅言性相近，孟子始言性善，後儒仍多異說，宋儒始專一尊奉孟子性善之論，又感有說不通處，乃分別爲義理之性與氣質之性以爲說。朱子嘗言，氣質之說，起於張程，極有功於聖門，有補於後學，前此未曾說到，故張程之說立，則諸子之說泯矣。所謂諸子，殆指荀子以下凡與孟子性善說持異者。然則氣質之說，亦僅於孟荀間作調停而已。明儒自羅整菴以下，已於此氣質義理之辨，迭有非難。王船山重於張程兩家間細加分別。其爲讀四書大全，在孟子一編中闡發孟子性善義，於程朱甚多糾彈，余已爲文條貫介紹。如此條引程子「何相近之有哉」一語，見程子意實與孔子原義相背。朱注云此言氣質之性，然朱子亦非不知氣質之說起於張程，在孔孟時實未有此分辨，今朱注云云，豈孔子僅知有氣質之性，不知有義理之性乎？然朱注亦有斟酌，故曰氣質之性固有美惡之不同，此處下美惡字，不下善惡字，性本相近，自有習而始分善惡。細玩朱注，仍不覺與論語原義大相違，囫下引程子語，而違異始顯。朱子一遵二程學統，遇與孔孟相異處，則力求彌縫，其跡彰著，卽此條而可見。

二

又，子曰：唯上知與下愚不移。

朱注：

此承上章而言，人之氣質相近之中，又有美惡一定而非習之所能移者。

程子曰：人性本善，有不可移者，何也？語其性，則皆善也。語其才，則有下愚之不移。所謂下愚有二焉，自暴自棄也。人苟以善自治，則無不可移，雖昏愚之至，皆可漸磨而進也。惟自暴者拒之以不信，自棄者絕之以不爲，雖聖人與居，不能化而入也。仲尼之所謂下愚也。然其質，非必昏且愚也，往往強戾而才力有過人者，商辛是也。聖人以其自絕於善，謂之下愚，然考其歸則誠愚也。

或曰：此與上章當合爲一，子曰二字蓋衍文耳。

今按：此處引程子語，乃以孟子說論語，而顯與論語原旨相違。論語明云上智與下愚不移，程子單說下愚不移，已不合。又據孟子自暴自棄說之，自暴自棄既非下愚，亦非不移，故程子曰其質非昏且愚，又曰：雖昏愚之至，皆可漸磨而進。然則程子語豈非針對論語原文而特加以駁正乎？惟朱注則與論語原旨不相違。

又按：朱子語類出於四書集注成書之後，讀集注又參讀語類，可見朱子意見自有依違遷移之處。語類討論此章者凡八條，茲試節錄分說如下：

性相近以氣質言，性善以理言。

性相近，喚做近，便是兩箇物事。這便是說氣質之性。若是降衷底，便是沒那相近了，箇箇都只一般。

此兩條論性相近一遵程說，又曰：

人性本善，雖至惡之人，一日而能從善，則爲一日之善人，夫豈有終不可移之理，當從伊川之說。

此一條論不可移亦遵程說。然又曰：

先生問木之，前日所說氣質之性，理會得未？對曰：雖知其說，終是胸中未見得通透。兼集注上智下愚章先生與程子說未理會得合處。曰：便是。莫要只管求其合。且看聖人所說之意。聖人所言各有地頭。孔子說相近至不移，便定是不移了。人之氣質，實是有如此者，如何必說道變得。所以謂之下愚。而其所以至此下愚者是怎生，這便是氣質之性。孔子說得都渾成，伊川那一段，卻只說到七分，不說到底。孟子卻只說得性善。其所言地頭各自不同。正如今喫茶相似，有喫得盡底，有喫得多底、少底，必要去牽合，便成穿鑿去。

此一條明說程子說不能與論語原文定相牽合，並謂孔子說得都渾成，伊川只說到七分，顯與前引三條不同。又一條云：

問集注謂氣質相近之中，又有一定而不可易者，復舉程子無不可移之說，似不合。曰：且看孔子說底。如今卻自有不移底人，如堯舜之不可爲桀紂，桀紂之不可使爲堯舜。夫子說底只如此。伊川卻又推其說，須知其異而不害其爲同。

此一條與前一條相同，顯與前引三條異意。朱子注文與其圈外所引程子語卽頗多歧異未盡合者。當時朱子門人卽多從此上發問，而朱子云，須知其異而不害其爲同，是卽有意作彌縫也。

三

學而篇第一，有子曰：其爲人也孝弟，而好犯上者者鮮矣。不好犯上而好作亂者，未之有也。君子務本，本立而道生，孝弟也者，其爲仁之本與？

朱注：

本猶根也。仁者，愛之理，心之德也。爲仁猶曰行仁。言君子凡事專用力於根本，根本既立，則其道自生。若上文所謂孝弟乃是爲仁之本，學者務此，則仁道自此而生也。

程子曰：孝弟，順德也，故不好犯上，豈復有逆理亂常之事。德有本，本立則其道充大。孝弟行於家，而後仁愛及於物，所謂親親而仁民也。故爲仁以孝弟爲本，論性則以仁爲孝弟之本。或問孝弟爲仁之本，此是由孝弟可以至仁否，曰：非也。謂行仁自孝弟始，孝弟是仁之一事，謂之行仁之本則可，謂是仁之本則不可。蓋仁是性也，孝弟是用也，性中只有箇仁義禮智四者而已，曷嘗有孝弟來。然仁主於愛，愛莫大於愛親，故曰孝弟也者，其爲仁之本與？

今按：此條引程子，又顯與論語原義相違。論語以孝弟爲仁之本，而程子必以孝弟爲行仁之本。所以然者，仍以程子說性字與孔孟不同，牽連及此，乃亦不得同也。孟子盡心篇，人之所不慮而知者，其良知也。所不學而能者，其良能也。孩提之童，無不知愛其親，及其長也，無不知敬其兄。親親、仁也，敬長、義也。是孟子以孝弟爲人之良知良能，擴而充之，乃有仁義，則孟子實亦以孝弟爲仁義之本也。孝經云：夫孝，德之本也。語亦同義。斯知孝弟之爲本，乃先秦儒共同義。或人問程子，謂是由孝弟可以至仁，當謂由孝弟可以生出仁，乃合論語此條原旨，而程子非之，必謂性中曷嘗有孝弟，此語實大堪注意。即孟子言性，亦只就其發見於人心者而指之爲性耳。人心有善端，故謂之性善，此猶謂善者是性也。今程子則謂性中只有箇仁義禮智，此說乃沿襲漢儒以下以五行說性，指仁義禮智信爲五常，謂性中有此五者，與孟子四端之說大不同。孟子只謂惻隱之心擴而充之可以爲仁，故人心之有惻隱乃仁道之發端，而漢儒以下，乃說成由於性中有仁，發出端倪來而有惻隱之心。乃是先有了仁之性，始有人心之惻隱，故程子謂仁是性，孝弟是用，此處性字卽所謂性體。然體用之别，先秦所未有，其說始自晚漢，此後佛家承用之，宋儒又承用之，故程子謂孝只是用，只是一種行爲，或可說是一種德，卻不能說是人之性。因性屬本體，德與行則只是本體所發現之作用，此乃晚漢以下之新觀念，在孔孟時未嘗有，則宜乎其立說之相違矣。

又按：朱注仁者愛之理，心之德，以此六字詁仁，其意亦全本程子。孟子曰：仁者愛人，有禮者敬人。此說仁是愛人之事，禮乃敬人之事。義與智亦屬事。但就宋儒言，性中不能有事，只能有理。故宋儒既主性卽理，又說性中只有仁義禮智，遂必說成仁者愛之理矣。

朱子又謂仁者心之德，此因仁既屬性，不能如孟子逕說仁者人心，故必曰心之德。人心本具之德屬性，不屬心。然論孟書中所有仁字，若一一以朱子此六字說之，必多扞格。正因雙方思想體系不同，故甚難彌縫合一也。

至本立道生之說，朱注謂君子凡事專用力於根本，根本既立，則其道自生，若上文所謂孝弟，乃是爲仁之本，學者務此，則仁道自此而生也。此一節與論語原旨無大相違。惟所引程子說，謂德有本，本立則其道充大，孝弟行於家，而後仁愛及於物，此卻故意避去一生字，而轉依孟子改用充大字。蓋因仁既是性體中所固有，則不待行孝弟而始生。朱子依論語原文作注，不能避此生字，然既謂仁爲愛之理，理則先在，亦不待行孝弟而始生。又道字與理字含義不同，故可曰仁道自此生，卻不能說仁理自此生。論孟多用道字，少用理字，至程朱始專一以理字說之，又必彌縫難合矣。則朱子此注，其依違於孔孟二程之間而彌縫求合之情，亦可見。

語類有關此章之討論凡七十三條。茲再摘錄數條分說之如下：

陸伯振云：象山以有子之說爲未然，仁乃孝弟之本也。有子說：君子務本，本立而道生，起頭說得重卻得。孝弟也者，其爲仁之本與，卻說得輕了。先生曰：上兩句泛說，下兩句卻說行仁當自孝弟始。所以程子云：謂孝弟爲行仁之本則可，謂是仁之本則不可。

又曰：

君子務本，本立而道生，此兩句泛說凡事是如此，與上下不相干。下文卻言孝弟也者方是應上文也。故集注著箇大凡也。

今按：此兩條顯是勉強曲解，與集注原文又不同。朱子此處謂本立而道生兩句乃泛說，與上下文不相干，孝弟也者其爲仁之本與兩句方是應上文，豈有如此文理乎？

語類又曰：

愛親愛兄是行仁之本，仁便是本了，上面更無本。如水之流，必過第一池，然後過第二池第三池，未有不先過第一池而能及第二第三池者。仁便是水之原，而孝弟便是第一池。

又曰：

仁如水之源，孝弟是水流底第一坎，仁民是第二坎，愛物則三坎也。

又曰：

問：孝弟爲仁之本，便是物有本末，事有終始，知所先後之意？曰然。

集注原文云本是根本，與下文本立而道生之生字相聯，已得論語原旨。語類改作終始先後解，與注文不同。水流之喻，又是取之孟子如火始然如泉始達之義，仍是不得已而曲解。

又曰：

仁者愛之理，是將仁來分作四段看。仁便是愛之理，義便是宜之理，禮便是恭敬之理，智便是分別是非之理。理不可見，因其愛與宜，恭敬與是非，而知有仁義禮智之理在其中，乃所謂心之德。

仁義禮智就論孟看，皆指行事，而宋儒必轉言其指理。然朱子注論語云：義者事之宜，禮者天理之節文，智字則不特爲加注，尙不見有大害。若語類此條，則顯見牽強。果此四字皆指理，試問何來有不仁不義無禮不智之稱？不義只是失行事之宜，豈能謂失宜之理。不智只是遇事不能分別是非，豈能謂不合分別是非之理乎？此因程朱認仁義禮智是性，又謂性卽理，乃不得不造此曲釋。

語類又曰：

或問仁者心之德，愛之理。曰：愛之理便是心之德。公且就氣上看，如春夏秋冬，須看他四時界限，又卻看春如何包得三時。四時之氣，溫涼寒熱，涼與寒既不能生物，夏氣又熱，亦非生物之時。惟春氣溫厚，乃見天地生物之心。到夏是生氣之長，秋是生氣之斂，冬是生氣之藏。若春無生物之意，後面三時都無了。此仁所以包得義禮智也。明道所以言義禮智皆仁也。

鄭玄以相人偶訓仁，今若謂仁是人羣相處之道，則義禮智亦莫非人羣相處之道，本此而言仁包四德，猶之可也。此處以仁義禮智分屬春夏秋冬四時，語類又一條又將仁義禮智分屬東西南北四方，青紅白黑四色，故知程朱言性多有承襲漢儒陰陽五行家言，宜其與孟子言性有違隔。

語類又曰：

舉程子說云：性中只有個仁義禮智，何嘗有孝弟來。說得甚險，自未知者觀之，其說亦異矣。

朱子雖尊承二程，然於二程立說，亦非一一墨守。語類中對二程說，多有是正或非難語，彙集之當踰數百條以上。朱子注論語，遇二程語與論語原旨不合者，多依違兩可，或曲意調停，獨於本章，朱子縱謂二程說得甚險，又謂自未知者觀之，其說亦異矣，然仍一意堅守，絕無游移之意。緣此論性一節，乃程朱思想大體系所關，稍有轉側，牽動甚大，故不容含糊也。

四

八佾篇第三，王孫賈問曰：與其媚於奧，寧媚於竈，何謂也。子曰：不然。獲罪於天，無所禱也。

朱注：

天卽理也，其尊無對，非奧竈之可比也。逆理則獲罪於天矣。豈媚於奧竈所能禱而免乎？言但當順理，非特不當媚竈，亦不可媚於奧也。

今按：此注天卽理也四字，淸儒大肆詬病。若僅謂天尊無對，逆理則獲罪於天矣，故但當順理云云，此亦無何不可。今必謂天卽理，則當云獲罪於天卽是逆理，或逆理卽是獲罪於天，然朱子亦似心知其不安，乃改下一則字，曰：逆理則獲罪於天矣，則仍見天之不卽是理。論語他節天字，朱子亦不一一以理字作注。又如孟子天之降才爾殊，豈能云理之降才爾殊乎？中庸天命之謂性，又豈能云理命之謂性乎？然此處朱子終下此一注曰天卽理也，此非朱子之輕率處，而實是朱子之鄭重處。此等乃程朱孔孟思想絕大歧異所在，孰是孰非，非訓詁考據之所能定也。

孔孟言天，莊周已改易為自然字，老子已改易為道字，易家陰陽家又改易為氣字，陰陽字，五行字，魏王弼又改易為無字，此等轉變，就思想史言，不得謂其非有一種重大之進展。惟在萬事萬物之上既抹去了一天，則於萬事萬物之中，不得不推尋出一理。故自王弼下至郭象，即好言理字，佛家亦莫能自外，如竺道生亦常言此理字。下至宋儒，周濂溪言無極太極，言陰陽五行，此皆孔孟當時所不言，皆起孔孟之後，晚周先漢始盛言之，若求從此重回到孔孟，於是濂溪有立人極之說。此亦一種不得已也。橫渠謂為天地立心，為生民立命，此亦猶之濂溪，求於無極太極之外立此人極也。二程始言性即理，則人與萬物同屬此自然界，同此氣質，同有一分之理，又何以自異，因此不得不於氣質之性之外再添上一義理之性，亦猶濂溪於無極太極外，仍須添出一人極也。惟人極終不能超於無極太極之外，而程子言性即理，亦以此理字兼包天人，則朱子天即理之說，亦是順理成章，有非如此說之而不可之勢。於是遂發展出其理氣論，理在氣之中，又必認其當在氣之先。故天即理也一語，實自孔孟以下，在思想史上經歷了無數曲折波瀾，而始成立此一語者。此乃一包涵總括語，經千錘百鍊而來，清儒輕肆譏彈，亦僅見其為短識淺見而已。然程朱與孔孟在思想大體系上之歧趨，則正由此而顯。

程朱言性卽理，天卽理，着重此一理字，萬物不在理外，於是又言格物窮理，其本意則爲立人極，而必取徑於格物。然所格者，乃物之氣質乎？抑物之義理乎？又豈在氣質之外，別有一番義理存在乎？抑且格物有不勝格之勢，而人極之立則不可待，無怪象山視朱子爲支離矣。象山不喜濂溪言無極，又不喜朱子之從事於格物，乃主回到孟子，而主張心卽理。然言心卽理，終嫌單薄，陽明承之，又說到人的良知，就是草木瓦石的良知，草木瓦石無人的良知，不可以爲草木瓦石，天地無人的良知，亦不可爲天地，如此則良知易簡，豈不仍支離流漫到天地萬物那一邊去。船山承王學之窮，又主回歸於橫渠。蓋橫渠正蒙獨於氣之上重提一神字，窮神知化，卽是盡性知命，似較程朱格物窮理，陸王反求之心，更爲於孔孟原初本意相近。然神字終嫌虛，理字較近實，故朱子捨橫渠而取二程，亦有其抉擇。此等處極複雜，本文只在指示程朱與孔孟相異處，不在評定其是非得失也。

語類討論此章凡六條，可見當時人對天卽理也之注文已不覺驚奇，故亦引不起討論。茲僅引其一則，乃是六條中僅討論及於天卽理之說者。

問獲罪於天，集注曰：天卽理也，此指獲罪於蒼蒼之天耶，抑得罪於此理也？曰，天之所以爲天者理而已。天非有此道理，不能爲天。故蒼蒼者卽此道理之天，故曰其體卽謂之天，其主宰卽謂之帝。如父子有親，君臣有義，雖是理如此，亦須是上面有個道理教如此始得。但非如道家說眞有個三淸大帝著衣服如此坐耳。

此條指蒼蒼者爲天，又曰其體卽謂之天，是天亦只指氣言，亦是形而下者，惟理始是一切之所以然，始是形而上。一切理雖若平舖散放，上面則若有一箇理教一切理如此，此卽天卽理也之理，亦卽程子之所謂天理。程子嘗曰：吾學雖有所授受，天理二字，卻是自家體貼出來。可見此二字，乃程學特見精神處。至云其主宰卽謂之帝，其實作爲天地間一切主宰者仍此理，非謂眞有一上帝存在。朱子意如此，可謂乃程學嫡傳所在。

五

公冶長篇第五，子貢曰：夫子之文章，可得而聞也。夫子之言性與天道，不可得而聞也。

朱注：

文章，德之見乎外者，威儀文辭皆是也。性者，人所受之天理。天道者，天理自然之本體，其實一理也。言夫子之文章，日見乎外，固學者所共聞，至於性與天道，則夫子罕言之，而學者有不得聞者。蓋聖門教不躐等，子貢至是始得聞之而歎其美也。

程子曰：此子貢聞夫子之至論而歎美之言也。

性與天道，孔子罕言之，其門人不得聞，而程朱則常言之，日與其門人所討論者，主要卽在此，故此章子貢明稱不可得而聞，而程子必謂其乃聞而歎美之，朱子又闡釋程子之言，謂教不躐等，子貢至是乃始聞之，皆非論語原義。

又按：性與天道，子貢明明分作兩項說，而朱子之注則合爲一事，謂其實一理也。旣謂性卽理，又謂天卽理，則此二者宜無大分別。此皆顯與論語原義不合。

語類討論此章者凡十二條，茲再擇引分說如下：

性與天道，性是就人物上說，天道是陰陽五行。

今按：此證程朱沿襲晚周以及漢儒以陰陽五行說天，孔子當時則絕未有此。綜觀論語各章言天字可見。

問：孔子言性與天道不可得而聞，而孟子教人乃開口便說性善，是如何？曰，孟子亦只是大概說性善，至於性之所善處也少得說。須是如說一陰一陽之謂道，繼之者善也，成之者性也處，方是說性與天道爾。

孟子道性善，已與孔子言性略有不同。易繫傳尤晚出。先秦儒家思想，自有此三階段之演變。程朱立說，多據易繫傳，而謂易繫傳乃孔子語，又不認孟子與孔子在思想進展上亦可有異同，而必混合通說之，認爲只是一理，所以程朱與孔孟終有未合處。

問：集注說性以人之所受而言，天道以理之自然而言，不知性與天道亦只是說五常，人所固有者，何故不可得聞，莫只是聖人怕人躐等否？曰：這般道理，自是未消得理會。且就它威儀文辭處學去，這處熟，性天道自可曉。又問：子貢旣得聞之後，歎其不可得聞，何也？曰：子貢亦用功至此方始得聞，若未行得淺近者，便知得他高深作甚麼？教聖人只管說這般話，亦無意思。天地造化陰陽五行之運，若只管說，要如何？聖人於易方略說到這處。子罕言利與命與仁，只看這處，便見得聖人罕曾說及此。又舉子所雅言，詩書執禮皆雅言也，這處卻是聖人常說底。後來孟子方說那話較多。

此條兩問皆有意思，朱子所答，似未足解問者所疑。論語本章，文義明白，隨文說之，義本自見，而程朱必羼以己說，故終亦難於自圓其說。

問：子貢是因文章中悟性天道，抑後來聞孔子說邪？曰：是後來聞孔子說。曰：文章亦性天道之流行發見處。曰：固亦是發見處，然他當初只是理會文章，後來是聞孔子說性天道。今不可硬做是因文章得。

問：舊時說性與天道便在這文章裏，文章處卽是天道。曰：此學禪者之說。若如此，孟子也不用說性善，易中也不須說陰陽不測之謂神。這道理也著知，子貢當初未知得，到這裏方始得聞耳。

問：謝氏性天道之說，先生何故不取？曰：程先生不曾恁地說。程先生說得實，他說得虛。問：先生不取謝氏說者，莫是爲他說只理會文章，則性天道在其間否？曰：也是性天道只在文章中。然聖人教人也不恁地，子貢當時不曾恁地說。

以上三條，牽涉到另一問題去。關於性與天道之解釋，乃程朱思想與孔孟歧趨大綱宗所在，已可由上引論語諸章朱注而見其大概。語類此三問所牽連者，乃性與天道卽在文章中見，形上形下一以貫之，在日常人生中卽是妙道流行，此等說法，朱子認爲乃學禪者之說。然朱子在此方面，態度頗爲游移，故又說也是，性天道只在文章中，又謂且就它威儀文辭處學去，這處熟，性天道自可曉。但又謂程先生不曾恁地說。惟謝顯道乃程門高第弟子，其末梢流入禪去，亦由二程平常教人本是有禪味。程氏於論語此章雖未如此說，然在說他章時，確有類此說法。

此上乃專就其論性與天道者言，此下專就其討論日常人生者言，卽此兩端，可見孔孟程朱歧趨所在。

六

先進篇第十一，子路曾皙冉有公西華侍坐，夫子喟然歎曰：吾與點也。

朱注：

曾點之學，蓋有以見夫人欲盡處，天理流行，隨處充滿，無少欠闕，故其動靜之際，從容如此，而其言志，則又不過卽其所居之位，樂其日用之常，初無舍己爲人之意。而其胸次悠然，直與天地萬物上下同流，各得其所之妙，隱然自見於言外。視三子之規規於事爲之末者，其氣象不侔矣。故夫子歎息而深許之，而門人記其本末獨加詳焉，蓋亦有以識此矣。

程子曰：古之學者，優柔厭飫，有先後之序。如子路冉有公西赤言志如此，夫子許之亦以此，自是實事。後之學者好高，如人游心千里之外，然自身卻只在此。

又曰：孔子與點，蓋與聖人之志同，便是堯舜氣象也。誠異三子者之撰，特行有不掩焉耳，此所謂狂也。子路等所見者小，子路只爲不達爲國以禮道理，是以哂之。若達，卻便是這氣象也。

又曰：三子皆欲得國而治之，故夫子不取。曾點狂者也，未必能爲聖人之事，而能知夫子之志，故曰浴乎沂，風乎舞雩，詠而歸，言樂而得其所也。孔子之志，在於老者安之，朋友信之，少者懷之，使萬物莫不遂其性，曾點知之，故夫子喟然歎曰：吾與點也。

又曰：曾點漆雕開已見大意。

今按：論語本文夫子喟然歎曰吾與點也凡十字，朱注化了一百三十七字，憑空發揮一篇大理論，從來注書無此體例，可見朱子當時心中極重視此一番道理，又因從來未經人闡發到，故不覺詳盡落筆也。

又引程子語四條之多，此亦特殊。程子謂曾點便是堯舜氣象，此與言性中曷嘗有孝弟來，皆是極大膽，極創闢語，既是從來未經人道過，道來也實足駭人聽聞。惟自朱子以後，二程被世推尊已久，故遂習焉而不察耳。

今問曾點何以便是堯舜氣象，朱注以十六字爲之說明，曰：人欲盡處，天理流行，隨處充滿，更無欠闕。又另增一番話補足之，曰：其胸次悠然，直與天地萬物上下同流，各得其所之妙，隱然自見於言外。今試問論語原文十字，何以眞見有此等境界與氣象乎？豈不因朱子補入此一段注，讀者並正文與注文連續讀之，遂亦覺其如此。其實乃朱子意，非論語意也。從來皆知朱子大學格物補傳，把他自己一番格物窮理之大見解裝進大學，遂使讀者疑若古人眞有此意。惟大學格物補傳，朱子明說是增補進去，非大學本文，而論語本章此段之注，則更易使人受其催眠，彷彿若孔子當時喟然一歎實是眞有此意想與義蘊。故其影響入人之深，實不下於格物一傳。如明儒多知辨格物，而亦多喜言與點之嘆，即可知矣。

黃東發日鈔曾論及此章孔子之歎，云：

夫子以行道救世爲心，而時不我與，方與二三子相講明於寂寞之濱，而忽聞曾點浴沂之言，若有獨契其浮海居夷之志，曲肱飲水之樂，故不覺喟然而歎，蓋其意之所感者深矣。

黃氏乃朱門後學，此條卻較近論語本章原義，比之朱注，遙爲穩愜。孔子心在行道救世，論語隨處可證。此一行道救世之心，亦可即以朱子所謂人欲盡處，天理流行之心說之。惟其志既在行道救世，而道終不獲行，世終不得救，則何得謂其隨處充滿，無少欠闕乎？當知正爲此心天理流行，故道不行，世不救，終覺是一大欠闕。故曰：吾非斯人之徒與而誰與。又曰：天下有道，丘不與易。又曰：甚矣吾衰也，久矣吾不復夢見周公。又有欲居九夷之想，有吾已矣夫之歎。孟子嘗曰：天下有飢者，猶己飢之，天下有溺者，猶己溺之，天下多飢溺，豈遂胸次悠然，與天地萬物上下同流乎？雖曰禹稷顏回易地則皆然，然顏子之簞食瓢飲，居陋巷而樂者，亦以求道爲樂耳，不如朱子所謂樂其所居之位，與其日用之常也。明道嘗謂，與弟伊川，再見茂叔後，吟風弄月，有吾與點也之意，此自是二程自己學脈，不得謂孔子在當時亦復如是。

明道又言，泰山爲高矣，然泰山頂上已不屬泰山。雖堯舜事業，亦只是如太虛中一點浮雲過目。惟其如此，故曰：視三子之規規於事爲之末者，其氣象不侔矣。然事業乃古人所共重，氣象乃程朱所獨尊。朱子嘗言，程先生所言實，上蔡所言則虛。今試問氣象是實，事業是虛乎？抑事業爲實，氣象爲虛乎？

論語稱歎堯舜語亦屢見。泰伯第八，子曰：堯之爲君也，巍巍乎惟天爲大，惟堯則之，蕩蕩乎，民無能名焉。巍巍乎其有成功也，煥乎其有文章。惟其有成功，有文章，故得成堯舜之大。惟天亦然，四時行，百物生，皆以事業與成功而成天之大也。天亦豈徒以氣象爲大乎？

雍也第六，子貢曰：如有博施於民而能濟眾，如何？可謂仁乎？子曰：何事於仁，必也聖乎，堯舜其猶病諸。是堯舜君臨天下，尚不能濟眾博施，如何浴沂風雩，遂可使萬物各遂其性，此等皆大可商榷。

語類討論此章者共五十條，蓋與點一歎，乃宋儒當時一重大題目，故爭相討論及此。然細玩語類各條，似朱子意態已與注論語有不同。茲再略引分說如下：

> 曾點言志，當時夫子只是見他說幾句索性話，令人快意，所以與之。其實細密工夫卻多欠闕，便似莊列。如季武子死，倚其門而歌，打曾參仆地，皆有些狂怪。

此一條說曾點狂怪，顯與論語注大不同。又曰：

> 他大綱如莊子。明道亦稱莊子，云有大底意思。又云莊生形容道體，儘有好處。邵康節晚年意思正如此，把造物世事都做則劇看。曾點見得大意，然裏面工夫卻疏略。明道亦云莊子無禮無本。

此條亦以曾點比莊周，又言明道亦有欣賞莊周語，而引其無禮無本之說，所指皆甚平實，遠非注論語時以曾點擬堯舜之意態。又曰：

> 只怕曾點有莊老意思，他也未到得便做莊老，只怕其流入於莊老。他卻是工夫欠細密。因舉明道說康節云：堯夫豪傑之士，根本不貼貼地。又曰：今人卻怕做莊老，卻不怕做管商，可笑。

此條仍以曾點與莊老邵雍並提，最多只是豪傑之士，不貼貼地，那裏便見是堯舜氣象？其實明道有時也還是不貼貼地，仍有豪傑氣。卽如云堯舜事業如浮雲一點過目，曾點乃堯舜氣象之類，皆是。至云今人卻怕做莊老，不怕做管商爲可笑，此乃朱子有意作廻護語，謂做莊周總比做管商爲佳耳。

問：曾點浴沂氣象，與顏子樂底意思近否？曰：顏子底較恬靜，無許多事。曾點是自恁說，卻也好，若不已，便成釋老去。所以孟子謂之狂。顏子是孔子稱他樂，他不曾自說道我樂。大凡人自說樂時，便已不是樂了。

此條平實有分寸。曾點浴沂尙不能比顏子樂底意思，何能遽是堯舜氣象？朱子注論語時說曾點心無欠闕，此處卻云：自說樂時未便是樂。朱子屢說曾點工夫疎略，此處卻說幸而他只是說，若眞做，便成釋老去。此皆見其意態之變。又曰：

事亦豈可廢，若都不就事上學，只要便如曾點樣快活，將來卻恐狂了人去也。學者要須常有三子之事業，又有曾點襟懷，方始不偏。

此條亦不斥三子規規於事爲之末矣。又曰：

某嘗說曾晳不可學，他是偶然見得如此，夫子也是一時被他說得恁地也快活人，故與之。今人若要學他，便會狂妄了。夫子說：吾黨之小子狂簡，斐然成章，不知所以裁之。這便是狂簡，如莊列之徒皆是。他自說得恁地好，若是不裁，只管聽他恁地，今日也浴沂詠歸，明日也浴沂詠歸，卻做個甚麼合殺。

此條明明說如曾點之輩，應加以裁正，否則將成無合殺，則朱子之意顯然可見矣。又曰：

程子論三子言志，自是實事一段，甚好。及論夫子與點一段，意卻少異，所以集注兩載之。

此條大可注意。謂程子論三子言志自是實事一段甚好，則言外見程子論夫子與點一段，在朱子意若有憾矣。其實程子論三子言志，謂古之學者有先後之序，三子言志如此，夫子許之亦以此，自是實事。後之學者好高，如人游心千里之外，卻自身只在此。此乃謂三子言志地位儘低，然總還是實事，故夫子亦許之，不如後代學者志高而不實。朱子注論語時，依程意，謂視三子之規規於事爲之末者，其氣象不侔矣，如此下語，確與所引程子四節語意相洽。程子此四節話，一論三子，一論曾點，前後語意並無相異，只因朱子後來自己意見逐漸變了，故又改換口氣，作此分析。讀者於此等處當細辨。

問：再看浴沂章程子云云，先生曰：此一段惟上蔡見得分曉。蓋三子只就事上見得此道理，曾點是去自己心性上見得那本源頭道理。使曾點做三子事，未必做得。然曾點見處，雖堯舜事業亦不過以此爲之而已。程子所說意思固好，但所錄不盡其意，看得來上面須別有說話在先，必說曾點已見此道理了，然後能如此，則體用具備。若如今恁地說，則有用無體，便覺偏了。

此一條，朱子正面闡釋程子意思。然謂如今恁地說，則有用無體，便覺偏了，則朱子對程子這幾段話，仍覺不甚妥愜也。又曰：程子此一段話，惟上蔡見得分曉，則朱子解釋二程語，依然要走上上蔡路子，此亦大可注意。又曰：

上蔡說：鳶飛魚躍。因云知勿忘勿助長則知此，知此則知夫子與點之意。看來此一段好，當入在集注中舞雩後。

此條當與上引一條合看。前引公冶長篇子貢文章性與天道一節，朱子本不贊成上蔡之說，實則上蔡謂性與天道卽在文章裏，正猶此處謂性與天道卽在鳶飛魚躍上見。此卽伊川所謂體用一源，顯微無間也。朱子所以有取於上蔡此一節話者，殆爲其講到勿忘勿助長，見有下工夫處。所以不取於上蔡性天文章一節話者，殆爲其不見有下工夫處，故謂程先生說得實，他說得虛。朱子此處又謂程子語若如今恁地說則有用無體者，是亦嫌程子語落虛了。可見朱子此等處雖大體仍遵二程，遇爲二程語作解釋，亦不得不借徑於上蔡之說，然朱子究是平實，故在此等處總見其頗費斟酌調護之苦心。後代傳說，朱子於易簀前曾悔集注吾與點也一節未能改定，恐遺誤後學。雖無確證，然細讀語類關於此章之許多討論，似朱子確亦有此悔，而本章集注之有失論語原旨，則更可見。明儒仍襲宋儒遺風，張皇與點一章，則朱注少此一改，其影響亦不可謂不鉅矣。

七

公冶長篇第五，子使漆雕開仕，對曰：吾斯之未能信。子說。

朱注：

斯，指此理而言。信謂眞知其如此，而無毫髮之疑也。開自言未能如此，未可以治人，故夫子說其篤志。程子曰：漆雕開已見大意，故夫子說之。

又曰：古人見道分明，故其言如此。

謝氏曰：開之學無可考，然聖人使之仕，必其材可以仕矣。至於心術之微，則一毫不自得，不害其爲未信。此聖人所不能知，而開自知之。其材可以仕，而其器不安於小成，他日所就，其可量乎？夫子所以說之也。

此條斯字顯指仕言，謂己於仕事勝任否未能自信也。而朱子以理字釋之，謂其未能眞知此理而無毫髮之疑，則試問此理又何理乎？

又朱子此章注引程子語，又引謝子語，朱注謂無毫髮之疑，卽採上蔡心術之微，一毫不自得，不害爲未信語來。此章注語當與吾與點也注合看。程子謂曾點漆雕開已見大意，語類朱子謂三子只就事上見得此道理，曾點是去自己心性上見得那本源頭道理，亦猶此章引上蔡從心術微處闡述漆雕開已見大意也。細玩本章所引上蔡語，似主要尚不在見此理，而更要在信得及此心之所見，此顯是禪味深厚，孔門當時決不有此等意態。

語類討論本章，亦得三十條，茲再節鈔分說如下：

上蔡言漆雕開不安於小成，是他先見大意了，方肯不安於小成。若不見大意者，只安於小成耳。

上蔡之意，出仕治民僅是小成，在心術微處用工夫，始可直入聖域也。程子謂子路冉有公西赤三子，皆欲得國而治之，故夫子不取，此即上蔡所謂安於小成者也。漆雕開其材可以仕而不仕，故謂其已見大意，上蔡此等處，直是二程眞旨嫡傳。朱子本章注僅云開自言未能如此，未可以治人，故夫子說其篤志。不謂其材可以仕而不仕，下語謹愼，意態亦平易，較之程謝，顯有距離。

問：漆雕開與曾點孰優劣，曰：舊看皆云曾點高，今看來，卻是開著實，點頗動蕩。

此又見朱子平實處。舊看皆云曾點高，蓋自程門相傳看法如此，朱子稍後始對曾點常加疑問糾正之辭，而於漆雕開則較多稱許。

問：恐漆雕開見處，未到曾點？曰：曾點見雖高，漆雕開卻確實，觀他吾斯之未能信之語可見。

程子曰：點與聖人之志同，便是堯舜氣象。當時程門意見，似乎認爲曾點已見到此理，而又無不自信處，故許爲高於漆雕開，朱子卻因漆雕開之不自信而稱其確實，此朱子學脈從二程轉手處，尙論者當深細體會。

問：曾點漆雕開已見大意，曰：漆雕開想是灰頭土面，樸實去做工夫，不求人知底人。雖見大意，也學未到。若曾晳，則只是見得，卻不曾下工夫。

朱子意頗不許曾點，就此引諸條皆可見。語類討論與點章亦有較量此兩人處，今再補錄一則於下：

若是曾晳，則須是更去行處做工夫始得。若不去做工夫，則便入於釋老去也。觀季武子死，曾點倚其門而歌，他雖未是好人，然人死而歌，是甚道理，此便有些莊老意思。程子曰：曾點漆雕開已見大意，看得來漆雕開爲人卻有規矩，不肯只恁地休，故曰吾斯之未能信。

朱子不喜曾點語。在語類中隨處可見，只爲程門相傳推尊此人，故終還稱其有見。至於漆雕開，程子雖以已見大意許之，然終不如許與曾點之高，而朱子乃處處倒轉此兩人之地位，此皆自集注已成之後而始有此轉變。

八

先進篇第十一，子曰：從我於陳蔡者，皆不及門也。德行，顏淵閔子騫冉伯牛仲弓；言語，宰我子貢；政事，冉有季路；文學，子游子夏。

朱注：

弟子因孔子之言，記此十人，而並目其所長，分爲四科，孔子教人各因其材，於此可見。

程子曰：四科乃從夫子於陳蔡者爾，門人之賢者，固不止此。曾子傳道而不與焉，故知十哲，世俗論也。

本章朱子注文極平實，引程子語謂十哲世俗之論，又是不貼貼地見豪傑氣。若論相從於陳蔡時，游夏尚年幼，決不相及。若論曾子傳道，則從古皆謂孔子傳道於七十子，惟自禪宗達磨至慧能，始有衣鉢，一線單傳，孔子寧有信物獨付曾參乎？程子謂門人之賢固不止此，其心中除曾子傳道之外，尚有曾點漆雕開已見大意，如子路冉有所見者小，而轉列之十哲，故目之爲俗論也。

九

子張篇第十九，子游曰：子夏之門人小子，當洒掃應對進退則可矣。抑末也，本之則無。如之何。子夏聞之，曰：噫！言游過矣。君子之道，孰先傳焉，孰後倦焉，譬諸草木。區以別矣。君子之道，焉可誣也。有始有卒者，其唯聖人乎？

朱注：

言君子之道，非以其末爲先而傳之，非以其本爲後而倦教，但學者所至，自有淺深，如草木之有大小，其類固有別矣。若不量其淺深，不問其生熟，而概以高且遠者強而語之，則是誣之而已。君子之道，豈可如此。若夫始終本末，一以貫之，則惟聖人爲然，豈可責之門人小子乎？

程子曰：君子教人有序，先傳以小者近者，而後教以大者遠者。非先傳以近小而後不教以遠大也。

又曰：洒掃應對，便是形而上者，理無大小故也。故君子只在謹獨。

又曰：聖人之道，更無精粗，從洒掃應對與精義入神，貫通只一理。雖洒掃應對，只看所以然如何。

又曰：凡物有本末，不可分本末爲兩段事。洒掃應對是其然，必有所以然。

又曰：自洒掃應對上便可到聖人事。

朱子引程子語後又自加按語云：

愚按：程子第一條，說此章文意最爲詳盡。其後四條，皆以明精粗本末，其分雖殊，而理則一。學者當循序而漸進，不可厭末而求本。蓋與第一條之意，實相表裏，非謂末卽是本，但學其末而本便在此也。

今按：本章朱子注文極爲平實明盡。下引程子語凡五則，朱子又爲加按語，謂所引第一條說此章文意最爲詳盡，是也。至此下四條，顯與論語原旨不合。旣曰聖人之道更無精粗，又曰物有本末而不可分本末爲兩段事。又曰：自洒掃應對上便可到聖人事。凡此，與子張子夏原意皆有違異。朱子按語謂其實相表裏，此自朱子語爾，程子語之本眞涵義似不如此，但細玩程子原文可見，此又朱子著意彌縫之一迹也。

語類討論本章者共凡二十條，玆再節錄分說如下：

問：洒掃應對章程子曰四條，曰：此最難看。少年只管不理會得理無大小是如何，此句與上條教人有序都相反了。多問之前輩，亦只似謝氏說得高妙，更無捉摸處。因在同安時，一日，差入山中檢視，夜間忽思量得不如此。其曰理無小大，無乎不在，本末精粗，皆要從頭做去，不可揀擇，此所以爲教人有序也。非是謂洒掃應對便是精義入神，更不用做其他事也。

今按：朱子此番解釋，誠是周匝圓到，無奈程子語意實非如此。抑且朱子在他處亦曾依照程子意說之，如述而篇吾無隱乎爾章，語類有三條，玆摘錄其二如下：

夫子嘗言中人以下，不可以語上也，而言性與天道則不可得而聞，想是不曾得聞者，疑其有隱，不知夫子之坐作語默，無不是這個道理，風霆流形，庶物露生，無非教也。聖人雖教人洒掃應對，這道理也在裏面。

如此條所說，乃頗與程子語意相當。謝上蔡本說性與天道卽在文章裏面，而朱子說性與天道章不之取。今說無隱乎爾章，仍落到上蔡圈裏。此等處，朱子儘只依違，一面覺得程門此等話有理，一面又恐其有流弊，故有時這樣說，有時那樣說，總不使偏鋒話，此皆朱子之極費斟酌調停處。

又曰：

問：伊川言聖人教人常俯就，若是掠下一著教人，是聖人有隱乎爾，何也？曰：道有大小精粗，大者精者固道也，小者粗者亦道也。觀中庸言大哉聖人之道，洋洋乎發育萬物，峻極于天，此言道之大處。優優大哉，禮儀三百，威儀三千，是言道之小處。聖人教人，就其小者近者教人，便是俯就。然所謂大者精者，亦只在此，初無二致。要在學者下學上達自見得耳，在我初無所隱也。

程子言聖人之道更無精粗，又曰理無大小，朱子則緩其辭曰道有大小精粗。凡二程語露豪傑氣，若有不貼貼地處，朱子都把其稜角來磨了。然說本章大義，仍採二程說，則明白可見。而於洒掃應對章，則說得更圓到些。

問：伊川云：洒掃應對便是形而上者，理無大小故也。故君子只在謹獨。又曰：聖人之道，更無精粗，從洒掃應對與精義入神，貫通只一理。雖洒掃應對，只看所以然如何。曰：某向來費無限思量，理會此段不得。如伊川門人都說差了。且是不敢把他底做不是，只管就他底解說，解來解去，只見與子夏之說相反，常以爲疑。子夏正說有本有末，如何諸公都說成末卽是本。後在同安，出往外邑，定驗公事，路上只管思量，方思量得透。當時說與同官某人，某人亦正思量此話起，頗同所疑。今看伊川許多說話時，復又說錯了。所謂洒掃應對與精義入神，貫通只一理，雖洒掃應對，只看所以然如何，此言洒掃應對與精義入神是一樣道理，洒掃應對必有所以然，精義入神亦必有所以然，其曰通貫只一理，言二者之理只一般，非謂洒掃應對便是精義入神，固是精義入神有形而上之理，卽洒掃應對亦有形而上之理。問：集注云：始終本末一以貫之，惟聖人爲然，此解得已分明，但聖人事是甚麼樣子。曰：如云下學而上達，當其下學時，便上達天理是也。

今按：朱子對此番道理，確曾大費過思量。伊川云：從洒掃應對與精義入神貫通只一理，則洒掃應對便是形而上者，此卽顯微無間，體用一源之義。而此一理，從上蔡說，則只在心術微處可見。故曾點之浴沂詠歸，此番心情便卽是堯舜心情。堯舜事業，只從此心情中流出。故說：曾點浴沂詠歸，便是堯舜氣象。若把此一番理論再推申，再凝歛，便開象山先立乎其大者，心卽理之主張。只爲伊川說話較明道多了些，密了些，此下遂有朱子格物窮理，以求其一旦豁然貫通之說。然朱子說來說去，仍不能全否定了象山之立論。細玩此條，朱子同安路上是一悟，如上引語類一條，卽是同安路上所悟，明白認定說非謂洒掃應對便是精義入神，更不用做其他事。但此條則在同安路上悟後，到得看伊川許多說話時，又覺得自己以前說錯了，便又說洒掃應對亦有形而上之理，下學時便上達天理。此見朱子心中仍是依違游移，儘求斟酌調停，總是彌縫難合也。

問：程子云：故君子只在謹獨，何也？曰：事有大小，理卻無大小，合當理會處，便用與他理會，故君子只在謹獨。不問大事小事，精粗巨細，盡用照管，盡用理會，不可說個是粗底事，不理會，只理會那精底。既是合用做底事，便用做去。又不可說洒掃應對便是精義入神。洒掃應對只是粗底，精義入神自是精底。然道理都一般，須是從粗底小底理會起，方漸而至於精者大者。所以明道曰：君子教人有序，先傳以近者小者，而後教以大者遠者。非先傳以近小而後不教以遠大也。或云：洒掃應對非道之全體，只是道中之一節，曰：合起來便是道之全體，非大底是全體，小底不是全體也。問：伊川言，凡物有本末，不可分作兩段。曰：須是就事上理會道理，非事何以識理。洒掃應對，末也，精義入神，本也。不可說這個是末，不足理會，只理會那本，這便不得。又不可說這末便是本，但學其末，則本便在此也。

此條仍是同安路上所悟語，此乃朱子格物窮理精神，朱子謂非事何以識理，故不喜上蔡象山專就心上說。

問：子游知有本而欲棄其末，子夏則以本末有先後之序，程子則合本末以為一而言之，詳味先生之說，則所謂洒掃應對固便是精義入神事，只知於洒掃應對上做工夫，而不復深究精義入神底事，則亦不能通貫而至於渾融也。惟是下學之既至而上達益加審焉，則本末透澈而無遺矣。曰：這是說洒掃應對也是這道理，若要精義入神，須是從這裏面會將去，如公說，則似理會了洒掃應對了，又須是去理會精義入神，卻不得程子說，又便是子夏之說。

此條問得極清析扼要。朱子只說格物雖有不同，窮理則只是一貫，從此上再把程子說與子夏說分疏，便見程子說更高過了子夏說。其實則仍是同安路上所悟，只彌縫更密，說來更圓到。又曰：

先傳後倦，明道說最好，伊川與上蔡說，須先理會得子夏意方看得。

此條最見調停甚苦，而亦最見分寸。謂伊川與上蔡說須先理會子夏意方看得，下語極斟酌有力。其實二程當時，極多突出語，過高語，學者必先理會得論孟眞意，方可看得。又如讀論語注，亦須先理會得朱注，然後其圈外所引二程語及其他諸家語方可看得。如此分別而看，逐一理會，有離有合，有出有入，可見義理之無窮。若誤謂朱子語卽是程子語，又誤謂程朱語卽是論孟原旨，卽是孔孟語，則至少已違失朱子格物窮理之教矣。

問：程子曰：洒掃應對，與佛家默然處合，何也？曰：默然處只是都無作用。非是取其說，但借彼明此，洒掃應對，卽無聲無臭之理也。

二程當時，有許多突出語，過高語，有許多不貼貼地見豪傑氣語，多半借用佛氏禪宗，縱謂非是取其說，然借彼明此，已爲儒釋作溝通橋梁。故曰彌近理而大亂眞，究已引進了許多釋氏之近理處，但又要力辨其亂眞處。欲究程朱與孔孟異同，此等處最當着眼。

又曰：

一日夜坐，聞子規聲，先生曰：舊爲同安簿時，下鄉宿僧寺中，衾薄不能寐。是時正思量子夏之門人小子章，聞子規聲甚切。今纔聞子規啼，便記得是時。

又附注另一錄云：

思量此章，理會不得，橫解豎解，更解不行，又被杜鵑叫不住聲。

語類記此條者又自附一注云：

當時亦不能問。續檢尋集注此章，乃是程子諸說多是明精粗本末，分雖殊而理則一，似若無本末，無小大。獨明道說君子教人有序等句分曉，乃是有本末小大。在學者則須由下學乃能上達，惟聖人合下始終皆備耳。此是一大統會，當時必大有所省，所恨愚暗，不足以發師誨耳。

今按：細玩此條，朱子當時同安路上一悟，實是思量甚苦後乃得之。卽今讀此條，當時情況，猶可依稀想像。後人僅讀論語朱注，以爲循朱注卽可明得論語本旨，若不檢尋語類，又焉知此中有如許曲折，如許苦心乎？

記此條者謂此是一大統會，誠然誠然。本篇偶拈「吾與點也」章至此，皆在此一統會中，論語他章與此一大統會相關涉處尚多，本篇僅發其例於此，不復詳引。

以上僅就論語朱注，擇取其有關性與天道之認識，及有關日常人生之體會者，就此兩大綱，各舉數條，粗加陳說，而程朱孔孟思想歧異處，亦已約略可見。若欲再作深究，此當更端別撰，非本文所能盡也。

民國五十三年二月爲清華學報作

一〇　四書義理之展演

中國人在宋以前，大家都讀五經；宋以後，大家必讀四書——論語、孟子、大學和中庸。今天我要講的，就是關於四書義理的問題。我們首先要問：四書的義理，是共通一致的？還是各別相異的呢？在我個人認為，它們間的義理，是共通一致的。可是從另一方面看，四書的義理，又是各別不同的。論語是論語，孟子是孟子，大學、中庸自是大學、中庸。

共通一致和各別相異似乎對立，其實不然。學、庸、論、孟的義理，是在它們的共同一致下，有其各別相異。大綱領相同，小節目差異。從瞭解其各別相異之點，去體察其共同一致性，就是我今天講題的主旨。

論語、孟子本原是獨立成書，大學、中庸則是屬於小戴禮記中的兩篇。雖然唐以前就有人注過論、孟，蕭梁以後就有人對中庸下過講解，但把這四書視為一個思想體系而予以表章的，卻從宋代二程和朱子開始。他們認為四書是一脈相承的，論語屬孔子，大學屬曾子，中庸、孟子分屬子思與孟子。

就成書的早晚來看，學、庸定在孟子之後。從文學史的觀點來看，論語、孟子為記言體裁，一若後代的語錄。論語篇章多短，大都為門弟子所記。孟子七篇，也是記言。如梁惠王篇，記孟子與梁惠王的問答。大抵七篇為孟子自作，朱子說此書文章一貫，文筆絕佳，他的門人未必寫得出。

孟子比論語前進了，主要的是論語章節短，孟子篇幅長。至於大學，一起頭「大學之道，在明明德，在親民，在止於至善」；中庸開宗明義「天命之謂性，率性之謂道，修道之謂教」：簡單扼要地把全書綱領明白提出，論文章體裁，便知學、庸比孟子又進一步。老子道德經和大學、中庸同樣文體，上篇：「道可道，非常道。名可名，非常名。無名，天地之始；有名，萬物之母。」也將一書主旨，首先提出。莊子也是記言文體，與論、孟相同。不過論、孟是實有此問答，莊子則多假託寓言，如鯤與鷽鳩之問答即是。其次，莊子每篇都有題目，和後來荀子等相似，與論、孟之學而、梁惠王不同。總之，由文體演變來看，莊子在老子先，議論體的學、庸，該在記言體的論、孟之後。

茲先講論、孟，再及學、庸。孔、孟講義理，可說完全相同；但在大的義理之下，亦有其各別之相異處。唐以前人，每以周公孔子並稱。但並不以孔、孟並稱。宋以後人，始並稱孔孟。史記，孔子有世家，孟、荀合列一傳。戰國祇以孔、墨齊舉。漢書文志六藝略。除五經外，有論語、孝經、小學，如爾雅等。讀書人從小學、孝經、論語，再上纔讀五經。五經中，惟春秋是孔子作；但相傳孔子刪詩、書，訂周易。藝文志諸子略，首儒家：由曾子、子思而至孟子，荀卿。孔子上承周公；孟、荀同列子部。這是一項極重要的區別。當時論語尙未列爲一經，待經書中列入論語時，尙未有孟子。此一經過，見孔孟在宋以前本不受人平等看待。至宋，纔以孔孟並尊，而十三經之結聚，乃明代以後事。宋代以孟子與論語、學、庸併稱四書。讀書人先讀四書，後讀五經，四書比五經更重要。

孔子以「禮、樂、射、御、書、數」六藝設教。孔門弟子分四科：德行、言語、政事、文學；言語和政事實是同一事。所謂言語，只是使於四方，不辱君命的外交活動。文學殿四科之末，始是側重在書本方面的學問。前三科顏淵、閔子騫等是孔子早年弟子；文學一科，子游、子夏受業在後，是孔子晚年弟子。可見孔子教學生，開頭注重在德行、言語、政事三科；德行一科，不是不理會言語政事，只是能不急求進身，不苟合取容；雖然本身抱有從政才能，但沒有施展抱負的正當機會與環境，便不輕求從政。孔子自己博學多能，早年嘗爲乘田，委吏。中年當過魯國司寇。晚年返魯，見道不行，遂着意在典章文籍上教導後進，俾得傳之身後。

孔子曾說：「甚矣！吾衰也。久矣，吾不復夢見周公。」他以周公的治平實績作榜樣，想在當身做一番事業。他又說：「文王既歿，文不在玆乎？」他把文王周公的實際勳業自任，所以又說：「如有用我者，吾其爲東周乎？」文王、周公建業在西周，孔子要在東方再建新周。他在政治、外交、軍事、經濟上，都有實幹的準備，不然他決不敢輕言：「苟有用我者，期月而已可也，三年有成。」之語。孔子把他所長分科敎授，所以有四科之前三科。

孔子又說：「夏禮吾能言之，杞不足徵也；殷禮吾能言之，宋不足徵也。」這裏所說的「禮」，並非指婚、喪、士禮，如儀禮十七篇所載，而是指的治國、平天下的大禮。修、齊、治、平之事，在春秋時皆屬禮，今應稱之爲廣義的大禮，冠、婚、喪、祭乃是一種狹義的小禮。孔子對整個國家社會天下治平之大禮，不僅西周，卽夏商以來三代傳統一切大禮，皆所研尋，只因杞、宋兩國不夠用來證明，孔子只是心知其意，其博大深微處，無法引用與人共見者來作證。其弟子子張問「十世可知也？」孔子答道：「殷因於夏禮，所損益，可知也；周因於殷禮，所損益，可知也。其或繼周者，雖百世，可知也。」殷禮承襲於夏，但有不同，周禮承襲於商，亦復有不同。孔子懂得夏、商、周三代之禮，是在一大傳統之下有損有益，有增有減。他瞭解它們之間的變化，與其所以要變化的道理。從他這一套歷史知識來透視此下十世三百年，甚至百世三千年，亦可瞭如指掌，知其不能越出此一大規範，大準繩。孔子逝世，迄今不到百世三千年，他預知歷史必然有變，但有些必然不變。所謂變，只是在一大傳統下有的增添些，有的減少些。這是孔子一套最偉大的「歷史哲學」，用以前學人語，應稱之爲「歷史因革論」（淸代惲子居卽曾提出「三代因革論」一名詞）。但孔子治史，雖是三代一貫而下，而其精神向往則偏重在周代。所以他只推崇文王、周公，又說：「郁郁乎文哉，吾從周。」他並不甚推尊殷代的先王先公。近代有人卻說孔子是商民族之後，好像他內心不忘殷商，有意復興，那眞是臆測之談。但孔子雖說從周，也不一意悉遵文王、周公，所以說「吾其爲東周」。他要跟隨周代再向前變，卻非要上復殷周之舊。這是明白無疑的。

再看孔子對顏淵問爲邦，更知端的。顏淵問爲邦，孔子說：「行夏之時，乘殷之輅，服周之冕，樂則韶舞。」難道只此夏時、殷輅、周冕、舜樂便可包括了國家大政之一切嗎？我們又該問爲什麼曆法要用夏代，車制要遵殷代，冠冕用周代，而音樂又要遠法虞舜？我們應把此處所舉四條會通看。我們今天已距孔子兩千五百年之久，當然不能把此四條具體詳說，但孔子博采前古，斟酌損益，有因有革，求適當前之意，則顯然可見。而其行夏之時一項，秦漢以下終於依照孔子意見，直至於今。可見孔子所謂損益可知，是確有歷史證驗，非同空論。

我們今天來研究孔子思想，不應該單把眼光全放在所謂忠恕一貫等上面。孔子六藝之學，四科之敎，我們都該注意。孟子則說「仲尼之徒，無道桓文之事者」，但論語孔子極稱管仲，人所盡知。孔子又說：「齊桓公正而不譎，晉文公譎而不正。」若我們細讀左傳，便知孔子對桓、文此一批評，乃是恰中要害。孟子七篇中講身心、講義理，所講可謂與孔子並無二致，有些處講得格外詳盡，更加邃密。但孟子講學，似乎偏重在此，所以在他門下，便無四科可分。其論及爲邦治國之處，也像是只及其大槩。滕文公問爲國，孟子雖亦告以三代制度，但孟子自說：「此其大略也。若夫潤澤之，則在君子。」他學生問「周室班爵祿，如之何？」孟子答道：「其詳不可得聞。」這和孔子能言夏禮，殷禮，詳略精粗，顯有不同。談到民生問題，孟子只說：「五畝之宅，樹之以桑，鷄豚狗彘之畜，無失其時。」談到如何統一天下，孟子只說「不嗜殺人者能一之。」這就是孔、孟講學顯有不同處。故孔子卒後，其學生爲諸侯所爭用。就連再傳弟子如田子方、段干木、吳起等，也是極受時君重視。孟子學生像萬章、公孫丑輩，皆不能在實際政治上有所表現。這當然因時代不同，事變相異，不能一一拘泥比論，但亦可反映出孟子講學與孔子有不同。

孟子以後有荀子，荀子著書極重視禮，他書中講究富國強兵，也多具體說話。他的門人也在政治上多有活動。韓非、李斯更是著例。清人常說荀卿有傳經之功。若把孟子與顏淵、曾參相比，荀子則近似子游、子夏。論語雍也篇：「子謂子夏曰：女爲君子儒，無爲小人儒。」荀子書中多論到儒之分類，而孟子七篇往往高論師道，絕不見一儒字。亦可謂孟子重師道，荀子重儒術，孔子則兼此二者。道遠而分，有此兩歧。漢初經師，往往爲荀卿弟子或其遞傳，故漢儒治經，多屬荀學系統。但不如淸儒之拘狹。漢儒雖在訓詁章句上用力，但主要則欲通經致用。如賈誼、董仲舒都在政治上發抒重大意見，尤其是董仲舒建議當朝罷黜百家，一尊儒術，漢武帝設太學，立五經博士，皆遵用仲舒之意。卽如張湯，依兒寬判法，大爲武帝稱賞。寬治尙書，爲歐陽生弟子，乃伏勝之再傳弟子。又如魯申公，武帝初卽位召至京師，他告武帝說：「爲治不在多言，顧力行如何耳。」其弟子趙綰、王臧欲爲武帝創制變法，遭竇太后反對而止。但此下漢廷重用儒生，至東漢猶然。

綜觀漢代儒家，大抵可分兩大類：一在太學爲博士，雖亦通曉政治；要之以講學爲主。一爲從事實際政治工作者。兩漢治平實績，不得不謂乃漢儒之貢獻。直到季漢大儒如鄭玄、王肅，其經學分派，實卽是政治分派。康成生平未涉政治，但他的經注，常把當代實際制度爲經文作證，他還是治經而通政治的。當時的經學，在政治上有領導地位，王肅對政治上有野心，乃不惜僞造古書，企圖先在經學上壓倒鄭玄。

南朝門第鼎盛，大門第必重禮，尤其是喪禮服制，子與姪及一切親疏嫡庶承襲爵位和產權等複雜情形，都將由喪服的等差中表現出來。宋代雷次宗最善講喪服，乃與鄭玄齊名；一時有雷、鄭之稱。其次說到我們歷史上有三次政治大興革，都欲根據周禮來推出新政，一是漢代王莽與劉歆，一是宋代王安石，中間是北周時代的蘇綽。蘇綽創制，下爲隋唐承襲，開統一盛運之復興。我們不能否認雷次宗、蘇綽都是大儒，他們都能用經術在實

際事務上作貢獻。直至北宋初趙普，自說用半部論語幫太祖定天下，要再用半部論語來佐

致太宗太平，那是漢唐儒生一貫相傳之抱負。

但孔子所講的一套治國平天下道理，漢人過於強調了，因而忽略了孟子那一面所偏重的心性義理的另一套。於是道、釋兩家乘虛而起，把這一套搶去。直到唐韓愈起而提倡師道，推尊孟子，他說：堯、舜、禹、湯、文、武、周公、孔子之道，至孟軻之死而不得其傳。他自己起來攘斥老、釋，自比於孟子之闢楊墨。但昌黎好友裴度，同時也是昌黎的上司，他卻是信佛的，他似乎也認為修養心性的一套，應從佛門去求。同時在政治上有其卓越表現，這是治國平天下的另一套，則是周公孔子傳統。退之同時李翺，也受佛學影響，著「復性書」提出中庸一書；認為中庸理論高過釋氏。

此後韓、李學說影響宋儒。范仲淹是宋儒中第一個開新風氣的人，他內為宰輔，外扞邊圉，常說要「先天下之憂而憂，後天下之樂而樂」。他帶兵去西安，張載時屬青年，因是關中土著，熟知關中兵事地理，以萬言書請謁，獻其用兵之計，范文正告訴他說：「儒者自有名教可樂，何事於兵？」因送他一本中庸，勸他回家細細研讀。歐陽修推獎王安石，希望他做韓愈後起，荆公卻以孟子自期，不願僅為一文學家。此等皆可看出宋代儒風之變，顯與漢唐不同。

但在北宋時，孟子地位雖已提高，卻還沒有確立。馮休有刪孟，李覯有常語，司馬溫

公有疑孟，都是攻擊孟子七篇的。直到二程子顥、頤兄弟，纔正式提出四書。大力表章孟子書中義理，主要從教育方面著手，引導人走向理想的人生。南宋朱子象山繼出，孟子地位始爲確定。大體說，宋代理學家接近孟子，近人稱爲新儒學。漢唐經學家則比較只看重孔子，上與周公並尊，而不免看輕了孟子。所以宋代理學畢竟與漢唐經學有其不同。到了明末大儒，如顧亭林（炎武）、王船山（夫之）、黃梨洲（宗羲）諸大儒，嫌陽明學之末流陷於空疏，纔有再從理學返向經學之號召。

以上約略講了論語孟子兩書中義理的同異，其實只是偏輕偏重之間而已。下面再講大學、中庸。中庸是一部晚出書，其中雜有不少道家思想。極多論到宇宙、天地、萬物，顯與論孟又有微別。孟子由歷史上推論人性，故其論性善則言必稱堯、舜。中庸則根據宇宙大自然來探究人性本原，故開首即曰：「天命之謂性、率性之謂道」。若子思作中庸，而孟子承之，則孟子論性善，不應撇開宇宙萬物不理會，而專從歷史上堯舜說起。中庸陳義既與老莊有出入，故能兼與後起之佛學相通。中庸一書在南北朝時，已受人注意，後來禪宗亦好談中庸。唐李翺、宋范仲淹以及張橫渠、程明道、伊川兄弟，對此書頗用力。朱子則教人先讀大學以立其規模，次讀論語以定其根本，再讀孟子以觀其發越，最後才讀中庸，以窮究其微妙之處。若論思想進程，則中庸確是較論孟微妙多了，卻不應把此書來揷在論孟的中間。

中庸思想，亦頗與周易十傳相會通，而十傳中亦多采及道家言。其實中庸與易傳皆屬晚出。中庸有云：「今天下車同軌，書同文，行同倫。」子思時代，正是列國分據，絕不能車同軌；自李斯作小篆之後，各國習用字體始慢慢統一；至於「行同倫」，也是說秦始皇統一後所提倡，至今尚有秦刻石可證。漢代君王自高祖以下，都以「孝」字冠在帝號上，如孝惠帝、孝文帝、孝景帝，偏重「孝」的一倫，也是沿襲嬴秦，有人告秦始皇所謂陛下以孝治天下是也。故知中庸成書必然在孟子之後，但其發揮儒家義蘊，則還是一脈相承的。

至於大學有三綱領八條目，而僅言心不及性，則與孟子中庸又別。其偏重在八條目，所謂格物、致知、誠意、正心、修身、齊家、治國、平天下，既是注重在治平大道上，故後來魏晉清談乃及佛家出世，多不喜此書，遠不如中庸之被重視。宋代理學家極重講孟子中庸心性精微，正要與釋道對壘。若新儒繼起，不能講心性精微，則不能拔趙幟立赤幟，把久已陷溺在釋道中的人心挽救拯拔過來。但若只講心性，不講治平大道，則何以上承孔子儒家之大統。故朱子教人讀四書，必先讀大學，以立其規模，正謂精究心性，正欲期求治平。欲期求治平，則必精研心性。內外本末一以貫之，正是孔子儒學之大規模所在。

但大學亦決非曾子撰。如其講格物致知，把知與物合論，這顯然是後出的事。我曾有推止篇，詳論先秦思想，可分兩大趨勢：一主推，一主止。孟子主推，貴能擴而充之；苟子主止，故重師法。大學之道，在明明德，在親民，在止於至善，顯是沿襲主「止」一派的，故說爲人君「止於仁」，爲人臣「止於敬」，爲人父「止於慈」，爲人子「止於孝」。先懂得了止於孝，始能去盡孝。孝道如何盡，則貴求知。致知在格物，該在事物上去求。先秦諸子書中，把知與物兩字連稱對用之先後演變，我在推止那篇文中詳細羅列，可證大學之爲晚出書。大學又說，大學之道，一是皆以修身爲本，大學雖不能指說它是荀學，但確有許多處有荀子思想之存在。

總之，大學、中庸都是晚出書，大約爲戰國末年乃至秦初的作品。說它們晚出，也並不貶損了他們在學術史上的地位和價值。先秦有許多偉大思想家，留下許多不知名的不朽巨著，大學、中庸亦是一例。

子貢說：「夫子之文章，可得而聞也。」此所謂文章，便是孔子所講的禮樂制度，所遺憾的是：當時門人沒有把它詳細記載下來。這些禮樂制度，便是修身齊家治國平天下的具體項目。子貢又說：「夫子之言性與天道，不可得而聞也。」論語上只有「性相近也，習相遠也」一語，孟子乃推闡出性善論。孔子說天道，不過云「天何言哉？」到中庸卻說到「天命之謂性，率性之謂道。」朱子教人先讀大學；就懂得人之爲學，不僅應該知道如何誠意正心，還要知道如何修身、齊家、治國、平天下。再讀論、孟，則一切心性治平之道都在內。至於中庸，則應放在最後讀，因其更廣大、更微妙。若一開頭便讀中庸，常會由於體會未到，持守未定，而流入於釋老。

我們今天研究孔孟學說，應該「體」「用」並兼，但今天講的，似乎忽略了其實用。中山先生認爲宋明以後講修身以前的誠意正心之學嫌多了，講修身以後的治國平天下之道則嫌少了。在宋代理學家，他們講學主要在求對付釋老，這也無可厚非，漢唐人則在政治統一以後，要多留心於治平實績，這正與宋明儒各走了一偏。我們今天的教育，正應該效法孔子通六藝、開四科，不該專講性與天道，卻忽略了文章。我們要使青年們縱不夢見周公、孔子，至少也得夢見　中山先生。

民國五十七年在臺北孔孟學會講

一一　孔子思想與此下中國學術思想之演變

在孔子以前，遠自犧農黃帝堯舜夏商周三代，中國早已緜歷了兩千五百年上下的歷史傳統。孔子把此一段長時期的歷史傳統，融會折衷，開創出他一番思想和理論，後人稱之爲集大成。孔子以後，孔子思想有如中道而立，凡屬在思想上有建樹、有創闢，必然會和孔子思想有交涉。不論是反孔、抑尊孔，孔子思想儼然成爲中國此下思想史上一會合的中心。

孔子以下，先秦戰國百家爭鳴，反孔的不提，尊孔的主要有兩大派，一孟子，一荀子。孟子主性善，荀子主性惡。兩家意見正相反對，長期不能獲定論。兩漢以下，儒學中衰，道釋兩家，遞興迭盛，經歷了魏晉南北朝隋唐五代一段長時期。孔子思想與儒家學術，雖未熸息，只與道釋如鼎足分峙。抑且孔子與儒術，僅以應世濟俗，若論宇宙眞理，人生原則，道釋兩家轉踞在上，儒術似未足相抗衡。

北宋理學崛起，儒術復興。理學家長處，在能入虎穴，得虎子。兼采道釋兩家有關宇宙眞理人生原則方面，還本儒學，加以吸收，或揚棄，遂使孔子思想嶄然以一新體貌新精神，超然卓出於道釋兩家之上，而又獲一新綜合。此事成於南宋之朱子。但卽在朱子同時，理學家中卽有與朱子持異議、唱對臺戲者，厥爲陸象山。朱子亦自說，他所講在道問學方面多了些，象山所講，在尊德性方面多了些。後人稱之曰朱陸異同。此一爭辨，亦如戰國孟荀性善惡之爭，同樣長期未獲一解決。

明代王陽明繼起，偏袒象山，理學中遂分程朱陸王兩壁壘。直至滿淸入關，明遺民講學，此兩壁壘依然存在。厥後乾嘉學派，盛推兩漢經學與宋明理學樹異幟，自標其訓詁考據工夫以與宋明儒所主心性義理之學相抗衡。直至淸末，西方學術思想東來，當爲以下的中國學術思想界又開出一新形勢。

今姑不論以後，且綜述以前。自孔子迄今，亦將兩千五百年，孔子思想依然是此兩千五百年一段長時期歷史中一中心。不論我們所研究反孔或尊孔任何一方面，均不能拋棄孔子思想於不問不聞之列。卽專就尊孔一面論，有孟荀異同，有朱陸異同，有漢宋異同種種爭辨。若我們要研究孔子思想，卽不啻該要研究自戰國迄淸末此一段兩千五百年長時期的中國思想史。我們不能一刀切斷，把戰國孟荀以下全部割去，專就論語一書來研究孔子思想。只爲初學入門言，要研究瞭解孔子思想，斷當從論語一書入手。而以成學到家言，亦自當以論語一書作爲此一研究之最後歸宿。

本講簡之又簡，運用單刀直入方法，想要在論語一書上下編二十篇中，單舉一章，試來扼要敍述孔子思想之綱宗所在，爲此下孟荀異同，朱陸異同，漢宋異同，經歷兩千五百年長時期的中國儒學史上這幾項大爭議，作一綜合性的解答。並試擬爲此下中國在學術思想上，在此前古未有之一種新形勢之下，究可有何種新趨向，走上何種新道路，來作一大膽探測性之提示。

論語公冶長篇最後一章云：

子曰：十室之邑，必有忠信如丘者焉，不如丘之好學也。

此卽爲我所要單獨提出的一章。在我認爲，此一章正可奉爲孔子思想之綱宗所在，亦可憑以判斷此下孟荀朱陸漢宋種種爭辨之主要依據。

孔子不多言性，論語中僅有性相近習相遠一章。故子貢有夫子之言性與天道不可得聞之歎。但上引章言十室之邑必有忠信如丘者，此卽言人性相近，並其相近處是善非惡。是孔子亦言性善，惟與孟子不同。孟子曰：聖人與我同類，凡同類者皆相似，因曰人皆可以爲堯舜。此則成爲全稱肯定語，又懸格太高，遂啓後人疑問爭辨。論語本章，僅言人類大多數如是，不說盡人皆然，此則爭辨較少。又僅說忠信相似，不言仁義禮智四端，其間大有分寸。孔子平日最重言仁，又常與禮與智並言。禮有軌迹可遵，而智則有上智下愚之不移。孔子教人，一面守其易遵之禮，一面企其難及之智。雙方配合，走上仁道。仁道人人可能，但亦少人能及。孔子似乎在人之最後成就上，並未明白主張人人有平等之可能。只說天生本質相近，如忠信。而別立人生至高標準，如仁與智。人能忠信，可稱一善人。至仁且智。才始是聖人。今若責人不忠不信，人不甘受，必怒於言色以報；但若說此人不是一聖人，則此人自俯首悅服，不覺愧怍。

孟子教人爲堯舜，乃曰非不能，是不爲，意存責備。孔子則曰若聖與仁則吾豈敢。是孔子並不自居爲聖與仁。孟子把教人標準提高了，不免說得容易。孔子把教人標準放低，十室之邑，皆有忠信，待其做人做到高處，則自見困難。故孔子自己，只以學不厭教不倦自負。顏淵最爲孔子稱賞，但亦稱賞其好學而已。論語二十篇，即以學而時習之一章開始。論語一書中孔子論學語，屢見不一見。孔子自說，他忠信與人同，好學與人異，我們要學孔子，亦只有從我與孔子同處，學到孔子與我異處，即是學孔子之好學，學孔子之學而時習，學不厭，此是惟一正辦。

又學而篇第二章，即繼之以有子曰：孝弟也者，其爲仁之本與？第四章，又繼之以曾子曰：吾日三省吾身。爲人謀，而不忠乎。與朋友交，而不信乎？傳，不習乎？傳即孔子之所傳，即指上文忠信言。可知孔子教人爲學，方其在家爲子弟時，即教之以孝弟，及其成人處世，即教之以忠信。人不能爲不孝不弟不忠不信之人。孝弟忠信，乃爲人生基本，當終身以之。其實孝弟忠信，亦屬一事，未有在家不孝弟，而出門處世能忠能信者。亦未有處人能忠信，而在家不孝不弟者。孔子身後，有子曾子，在門弟中最受尊敬，故七十子後學編集論語，首以此兩章承孔子論學論仁之語，開宗明義，昭灼甚顯。

今再要約言之，人當初生幼弱之年，即知孝知弟。逮其成人涉世，即知忠知信。人之有學，則必本此以爲學。孔門之教，務使人皆爲一孝弟忠信之人。由此以學，及其所至，則尚有更高標準，不能限一格相期。故孔門弟子分四科，曰德行，曰言語，曰政事，曰文學，而要之必以孝弟忠信爲本。故孔子曰性相近，習相遠。孝弟忠信是在始學基層相近處，逮其學成行尊，乃成相遠，不僅是流俗陷阱使人相遠。

今再本論語本章進論孟荀朱陸漢宋之異同。孟子道性善，比較當與孔子意爲近。荀主性惡，謂善者是僞，忠信非不善，十室之邑之忠信，不能謂其皆出於僞。故後人闡揚孔教，多采孟子。然論爲學之重要，則荀子若較勝。兩漢經學傳衍，荀子貢獻，實居孟子上。宋儒始特提孟子，少及荀子。惟程朱唱爲格物窮理之教，朱子於訓詁考據，漢唐經學傳緒，尤所留心。掇拾兼通，博大周詳。能於尊德性大前提之下，不忘道問學。又程朱皆言孟子爲學尚粗，不如顏子。而象山乃譏朱子博學爲支離。自謂其學由讀孟子書而自得之。陽明更特提孟子良知良能之說。流弊所及，乃謂滿街都是聖人，端茶童子亦是聖人。

使孔子來端茶，亦無以勝此童子。是不啻謂十室之邑之忠信，皆已是孔子。孔子縱博學，亦無以踰乎十室之邑之忠信，則豈不誠是歸而求之各有餘師，更何待於學不厭與教不倦，而終生以之，不知老之將至乎。然則尊德性之後，斷斷不能不繼之以道問學。爲學必先博文而後知約禮，不能謂僅要約禮，即不必從事於博文。惟顏子好學能道出孔子博文約禮之教法。故孔子亦以克己復禮告顏子。禮易知，己不易知，苟非博文，則童子端茶，即已是彼之約禮。十室之邑之忠信，亦是其約禮處。但更從何處懂得有己之當克。尊德性屬行，是約禮。道問學屬知，是博文。不博文，則無以知性盡性。更從何處去約禮。

至於清儒義理考據漢宋之爭，更屬粗疏。只知道問學，不知尊德性。縱謂宋儒考據有差，亦不能謂考據偶有差，其所講一切義理俱無當。陸象山有言，縱使我不識一字，亦將堂堂地做個人。十室之邑之忠信，固不能如孔子之好學，然不得因其不學，即斥其不忠不信。童子端茶，僅憑一心，不煩更有訓詁考據。戴東原譏當時他人爲學，盡是抬轎子，不是坐轎子。其實東原亦何嘗眞坐進轎子。從另一觀點言，童子端茶，反而是一面抬轎，一面即已是自己坐進轎子了。清儒之學，儘教人如何讀書，卻不教人如何做人。僅求博文，不知約禮。孟荀朱陸，在讀書方面，一字一句，考據訓詁，或不如清儒精密。但他們都懂得喫緊爲人，即是懂得着重在做人上用心。清儒只討論讀書問題，如何當得上漢儒之所謂通經致用。清儒最多是僅通經，而不能致用。亦幸値乾嘉盛世，故能各自埋頭做一讀書人。道咸以下，天下亂了，一部孝經，擋不住一羣黃巾賊。一部皇淸經解正續編，亦何嘗於近代中國國運，盡了幾分責任。

孔子說，十室之邑，必有忠信如丘者焉，但不如丘之好學。淸代乾嘉以下諸儒，畢生孜孜矻矻，論其爲學工夫，亦是旣忠且信。除卻其著書成學不論，卽論其平常爲人，亦不能說他們不忠無信。只是他們學非所學。人之天生本質，依孔子言，大家還是和孔子一般。乾嘉以下諸儒亦如此。只淸儒所羣相從事之所謂漢學，應與孔子所好之學有不同；並亦與孟荀朱陸所好之學有不同。同爲學孔子，而其學之所蘄嚮與其途徑則有別，因此乃有所謂先秦儒、漢儒、魏晉南北朝隋唐儒、宋元明儒、淸儒諸分歧。然而或多或少或遠或近，要而論之，亦同爲學孔子。故我們不能不說孔子思想之與儒家學術乃爲中國學術思想一主幹。中國歷史人物，亦可謂大致盡由孔子思想與儒家學術所陶鑄。因此，中國文化傳統，亦可謂盡由孔子思想爲中心而演成。除卻孔子思想，將無由有中國人與中國文化。

今試再要約言之，人之主要成分，大要不出兩端。一爲其天生本質，此屬性。孝弟忠信，凡屬人類，大都相似。一爲其後天之學與習，則可以因地因時因於外面環境種種不同，而各有傳統，各有需要，而互不相一，乃至於相遠。中國文化之重點，在其重視人性，尤在其重視人性之善良部分，而繼之以後天之學，以求盡量發揮其先天之性之善良部分而求至乎其極，務求本於人性以爲學，卽本於學以盡其性。故中國人傳統論學問，論德性，尤重於天人合一。德性原於先天，然貴能致力於後天之學問，以期其暢遂之發展。學問起於後天，然貴能一本之先天之德性，以求其圓滿之歸宿。

繼自今，世界棣通，人類文化當日趨於大同，始可有長治久安之和平。然人性之同同於天，世界各大宗教，上帝創世之說，由於原始罪惡而人類貶降之說，以及靈魂回歸天堂之說，此等皆尙待科學之證明。只有孔子言性相近，習相遠，人生本質忠信相似，此可以證之己，證之人，證之古今中外，而未易持異論。至於自然科學之日新月異，層出累進而不窮，亦未必盡屬進步。苟若違於人性，則種種技能術藝，適足增人之不安，滋人之苦痛。今日世界種種問題，多由此而起。當知因於人生需要而創造科學，其事易；因於科學開新而求改進人類，其事難。故道問學之與尊德性，其事相因。一切自然科學，仍是一種明性盡性之學。人類亦從自然生，仍在自然中，豈能違性以成學。

又近代社會種種演變，已逐漸激成兩大潮流。一曰個人主義，一曰集體主義。而莫不從功利觀點起步。個人主義形成資本自由，集體主義形成共產極權。所爭各爲財富，而所失則在人性。人性無不好羣居共處，既不願一味封閉自我，擺脫大羣，亦不願專爲供奉大羣，犧牲自我。孔子所主張之仁道，卽爲求人我各得，羣己兩遂，此始合於忠信孝弟之天生本質。遙想全世界人類內心之所終極想望，亦並無以逾此。但爲現世界種種束縛，種種紛擾。有民族之各別，有國家之各別，有歷史傳統之各別，有種種利害得失之複雜形勢，與夫種種思想理論之交錯糾結，而陷人於莫適所守莫知所從之困惱。欲解決此等問題，則有賴於孔子之所謂學。學不厭，卽當永久向此學；教不倦，亦當永久向此教。惟此乃為大仁大智，可以導人於大道。故人必忠信以為質，必仁智以為極。人類一切問題，則必當從人類自身內心之忠信仁智求解決。忠信本於先天，仁智成於後天。必兩者合一，乃可為人類永久向前指點出一條唯一的出路。

人類今日種種現象，已非遠在二千五百年前孔子之所知。因此亦不復能卽憑二千五百年前孔子當時之所學，解決當前人類之諸問題。然斷不能謂當前人類，已非二千五百年前孔子當時之人類。十室之邑，必有忠信，孔子時如此，今日人類如此。更復兩千五百年後，人類當亦如此。認定了人性，知加以尊重，乃始可以言學。由尊德性而繼之以道問學，只此是一條唯一不變之大道。一切謀財害命之奇技淫巧，皆所當禁。一切背情傷義之個人主義與集體主義，亦所當絕。一切大思想、大理論、大發明、大創造，莫要跑得過快過遠，先要照顧着十室之邑愚夫愚婦人所同然之忠信本質。惟此乃是人之所以為人之基本。所不幸者，乃是此輩十室之邑之忠信，乃有不克在此複雜世界中爭存自立之權利與能力。一旦此基層垮了，上面建築亦必隨而垮。人類眞正的學問要求乃在此。如何使人類相近的天生本質，孝弟忠信，歷世彌新，永不變壞，永不消失。尤其如何在當前世界權利爭存愈演愈烈之形勢下，如何能保存與發皇此忠信。此中乃有大技巧，大術數。中國古人言不學無術，此等救世救人之大技巧、大術數，乃必由一套大學問中來。有此一套大學問，乃爲人類中之大智大仁，亦即是人類中之大聖。孔子教人學不厭而教不倦，即由此爲學，亦由此爲教。故孔子之所學所教，一面說，已是兩千五百年前一番陳舊過去之事，一面說，還是現在我們面前一番嶄新方興之事。

孔子思想，實在太過偉大了，要研究此事，不僅在論語，並在先秦以下直至晚清兩千五百年來的全部思想史上，並在我們當前現實，一切人、一切事之種種實際問題上。我在此單獨提出論語裏一章所言，請大家注意。只要大家由此生起一番好學心，則孔子即在我眼前，即在我心中。

有爲者亦若是，請大家努力吧！

民國六十二年十二月在臺北孔孟學會講

一二　孔子思想與現實世界問題

前幾天，有一位美國朋友來學校，他問起，孔子思想如何引用到世界現實問題上來。我想這問題，是極有意義的。或許有人會想，孔子遠在兩千五百年以前，他的思想，對現代世界，可能是無所用之了。但我們也得想，這世界，跨進了二十世紀，學術思想，日新月異，門類愈添愈多，科別愈分愈細。任何一專家，幾乎無不針對着人類現實問題求解答，求應用。然而此五十年來，人類問題，卻愈變愈複雜，愈來愈糾紛。因有太多問題積壓着，解決不了，纔引起大戰爭。戰爭仍然不能解決問題，於是第一次世界大戰之後，接踵來第二次。兩次世界大戰之後，人類問題，益更嚴重了。到如今，幾乎有時時爆發第三次大戰可能之威脅，使人心惶惶，若不可以終日，這又爲何呢？

本來，世界是整個的，人類是全體的。各項學術思想，分析太細，鑽研太狹，針對着甲，可能損礙了乙。注意在目下，可能抵觸到將來。人類當前最需要的，還該有一個更綜合，更普遍，更恆久的指導原則，來作解決一切問題的共同基準。若沒有了這個更高原則與共同基準，人類社會，將終不免於治絲益紛，欲解還結的。

說到這裏，令人會想起哲學來，是否該由哲學家來擔此責任呢？所不幸的，我們通讀人類的哲學史，似乎所謂哲學家們的興趣，是在提出問題上，而並不在解決問題上。因此在人類現實問題之外，乃別有所謂哲學問題，這已夠哲學家們的麻煩了。

於是又令人想起宗教，是否宗教家宜肩此職務呢？所不幸的，人類可以在同一信仰之下，而信仰了兩個不同的上帝。又可在同一上帝之下，而展衍出兩個不同的信仰。而一部人類史，因於宗教問題而引起難解難分，甚至於大流血大屠殺的慘劇的，已是屢見不一見。若我們認為宗教信仰可以為指導人生的最高原則，則勢必在現有的各項宗教中間先引起一番劇烈的大鬬爭。

其次，要說到科學。科學已為人生出種種作用，但科學並不能指導人生來解決問題，這一層，似乎可以不煩深論。

現在讓我們說到孔子。孔子既不是一位科學專家，又不是一位專門的哲學家。因孔子思想，既無一套完整的形而上學，又沒有一套嚴密的思想方法，如邏輯與辨證法之類，又沒有一套鮮明的認識論。若要硬派孔子為一位哲學家，實在有些擬不於倫。他又並不是一個大教主，他的思想學說，並不建立在叫人信仰上。

然則孔子思想究竟重點何在？其價値又何在？竊謂孔子思想之重點與價値，正在要替人類提出一個解決種種問題之共同原則。此原則繫何？用現在話說來，只道德二字便是。

何謂道德？這也不需像一般哲學家的特有概念般，先要把來作一明確的界說。孔子所講的道德，只是人們同有之一種心情，同能之一種行為，所謂直指人心，當下卽是，只求如此這般，在人生實踐中一經指點便夠了的。

現在且舉幾個實例來說。卽如忠恕，便是一種道德。只要以忠恕待人，受者決不會拒絕或不歡迎。在施者的心情上，也決不會感到不愉快或不滿足。又如愛敬，這也是一種道德。只要以愛敬對人，受者也決不會拒絕或不歡迎。施者的心情上，也決不會感到不愉快或不滿足。

一個人人忠恕與相互愛敬的社會，種種問題，總可有辦法解決。不忠，不恕，無愛，無敬，那樣的社會，無法解決的問題，自會不斷地產生。

科學專家知識，是超道德的，在道德基礎上，一切科學各門專家知識全有用。在無道德與不道德的基礎上，一切科學各門專家知識，不僅會變成沒有用，而且還會有害。如科學家發明了原子能，豈不可在和平的場合使用，但也可在大量殺人的戰爭場合使用嗎？

宗教固然也應以道德為主體，但一進入宗教信仰，便先要上帝呀，天國呀！靈魂呀！

創世呀！儘從那些遠處去兜圈子。而宗教信仰上的種種爭論，則正在那遠處，遠處爭論不休，近處卻擱在一旁了。

哲學家除卻極少數，如主張唯物史觀，階級鬬爭等的理論外，也並不在主張反道德和不道德。但一進入哲學思辨，又是邏輯呀！認識論呀！形上學呀！牽而益遠，道德問題則成爲曲終奏雅，強弩之末了。

只有孔子思想，是單刀直入，直湊單微的。他主要只在人類道德上建基，然後再擴而充之，由修身而齊家，而治國，而平天下，以達於全人類。再引而申之，由明心見性而萬物一體，而天人合一，以達于全宇宙。

在一切科學各門專家乃及宗教信仰以至哲學思辨中，若要在人類社會發生好影響，生起好作用，全少不了道德一味。而道德又是人人可知，人人能行的。不像一切科學與各門專家，便叫人有知有不知，有能有不能。又像宗教信仰與哲學思辨，彼此有異同，相互有派別，而人類道德則應該推之四海，樹之百世，無彼此異同可爭的。

孔子言道德，扼要言之，可說有三本原。一、本之於人類之心性。這並不是說人類心性全是合乎道德的，只說一切道德亦皆出於人類之心性。二、本之於社會。道德只是人生實踐，由社會觀察而悟，由心性修養而得。人事相交，只要合乎道德的，便和而順。只要不合道德的，便不和又不順。察乎外，反乎心，便知人生道德是什麼了。三、本之於歷史經驗。一部人類史，有了道德，便會有進步，種種問題也可尋求解決的辦法。沒有道德，便會無進步，種種問題，便會愈出愈多而永難解決了。因此，孔子思想，是最爲近人而務實的。

孔子之學，向後展衍，有兩條路。一條是簡易的，直捷的，三言兩語，可以當下指點，可以終身奉行。這一條路，發展於象山與陽明。另一條路，是細密的，繁複的，千門萬戶，階級層次井然，要學者循序漸進。這一條路，發展於二程與朱子。前一條路，可以普遍大眾化，後一條路，可以特殊學術化。但其從三大本原而歸於道德中心，則是並無二致的。

根據上述，孔子思想應該仍可以引用到世界現實問題上來，自是無疑義的。至於如何具體而實際地把來應用，則正有待於我們之努力了。

民國四十七年十月爲香港人生雜誌作

一三　孔子與中國文化及世界前途

中國歷史文化傳統，乃以儒家思想爲其主要骨幹。孔子則是中國儒家之創始人，爲此後歷代儒家所尊奉。上自唐虞三代，中國古代歷史文化，孔子集其大成。下迄今茲，兩千五百年來，人物之薰陶，政治制度之建立，社會風尚之歸趨，文學藝術之發皇，人生理想之大目標，凡屬中國歷史文化中之重要項目，莫非由孔子思想而生根發脈，以至於枝葉繁衍。故孔子思想，實爲中國歷史文化傳統中生命活力之所在。

但嚴格言之，孔子並不純爲一思想家。與其稱孔子爲一思想家，不如稱孔子爲一教育家，更爲妥當。但孔子亦不如我們所想像的所謂一般的教育家。因孔子設教，乃是有教而無類。不論男女老幼，各項職業，各項地位，乃至民族之別，時代之異，孔子之教育理想與教育精神，乃以全人類爲對象。

然孔子亦並不如全世界人類中其他之宗教主，儒家亦始終不成一宗教。凡屬宗教，必信奉一超乎人類之上之天帝或其他天神。其一切教義，則假托於此天帝或天神而發出。故凡屬宗教，必帶有一種出世傾向。一切宗教之重心，乃並不在此人類俗世中。佛教雖不信奉一天帝或其他天神，但其創始人釋迦牟尼之受其後世佛教徒之崇拜，乃亦相似於其他宗教徒之信奉上帝或天神。抑且佛教徒之出世精神，尤較其他宗教爲加強。

中國儒家，就宗教目光視之，則盡只是俗人，無信仰，非教徒。而孔子亦只是一俗人。從其出生以至死亡，一切事跡記載甚詳，絕無絲毫神話氣氛夾雜其中。後人過尊孔子，不免有少許神話成份滲入，但究不爲一般儒家所重視，所認許。孔子教義，乃全自人類歷史文化傳統中提出，上自堯舜，下至文王周公，皆屬實人實事。孔子教人之主要宗旨，只在教人如何在人羣社會中做人。並重在教人如何在其男與女，老與少，知識、職業，家屬、國家民族，以及人生種種分別中，各自做一人。後來宋儒稱之曰理一分殊。就做人的道理言，應該各人各一樣，但同時又是大家都一樣。

孔子亦常言天，但孔子所言之天，不如宗教家言上帝之具體而確切。孔子曰：知之爲知之，不知爲不知，是知也。天不可知，然人乃受天命以生則可知。天命極普泛而廣大，人之受於天者有限，然其稟賦之在我者則更親切而易知。故孔子不教人知天，而教人知天命。抑且人與人爲同類，天之所命於人，與人之所稟賦於天者，在其相互間大體相同。我能由人以反己，又能推己以及人。歷史上從古到今之人，莫不有其所同然。而人中有聰明傑出之聖人，知天之所以命人，較之其他人，遠爲深至。聖人以下，又有賢人、善人。我能博觀於人，又能擇人中之聖人、賢人、善人爲師法，則可從知人而卽以知天命。知天之所命，則知人之所當爲與所不當爲，所可爲與所不可爲。以人羣社會與歷史演變之種種禍福成敗爲證，則我之所知於天之所命者，豈不信而有據，簡而易從。故孔子敎義，其重要點乃在以人敎人，然後由人而上合於天，從可知以達於不可知。故孔子之敎，乃爲一種人文敎。與世界其他宗敎有其同而亦有其不相同。

孔子敎義，由後世儒家之推衍引伸，其天命之在人者名曰人之性。孟子與荀子有人性善惡之爭。然如荀子說，人之性惡，不能不有所師法以達於善。故荀子亦主師法聖人。但聖人同亦是人，與其他人爲同類，故荀子之說，終不如孟子之說，爲圓滿，更爲此後儒家所信奉。故儒家多主人性善。人之所當師法者仍在人，而其極則可以不背於天，而與天合一。

人與萬物同生天地間，同受天命以生。人有性，物亦有性。不僅有生物各自稟賦一天命之性，卽無生物，亦復各自稟賦一天命之性。下至宋儒，乃從人性推廣論及物性，而說性卽理，特地提出一理字，故宋學又稱理學，亦稱性理之學。物各一性，一性各一理。天地間有萬物，卽可有萬理。萬理同出於天命，同存在，同表現於天地間，故萬理雖各相異，而有其相同，可以相通而合一。宋儒則稱之曰天理。天理者，卽此眾理之會歸一理。使眾理皆消失，此一理亦將不見其存在。故曰一物一太極，萬物一太極，而太極乃是一無極。太極，實卽是一理，一共通之理，同時亦是一分散之理。此理亦可稱是一本體。有本體乃有現象。然取消一切現象，則亦無本體可見。天於何見，卽由人類與萬物之身上見。若沒有了人類與一切有生無生之萬物，則天亦無由見。故人當從人類自己身上乃至一切有生無生之萬物身上來見天。主要則應從人類與萬物之性上見，理上見。故宋儒又說，天卽理也。宋儒性理之學，顯然仍從孔子教義推衍引伸而來。天與理乃異名而同實。此非違背了孔子義，乃是闡申了孔子義。

遠從上面所說，可見中國孔子乃及此下儒家教義，不僅涵有一種宗教精神，並亦涵有近代西方自然科學精神。在中國儒家則稱此爲格物之學。在易經繫辭傳中，凡能開物成務者，皆是聖人。開始結繩爲網罟，以作漁獵之用。斲木爲耜，揉木爲耒，以作耕稼之用。造爲貨幣，以供商業之用。製爲衣裳之制，以供政禮之用。刳木爲舟，剡木爲楫，服牛乘馬，以供交通之用。重門擊柝，以供防暴之用。斷木爲杵，掘地爲臼，以供食用。弦木爲弧，剡木爲矢，以供戰爭之用。上棟下宇，創造宮室，以供居住之用。發明棺槨，以供埋葬死者之用。創造文字，以供人文社會一切之用。凡屬古人在歷史文化上之一切進步，其有關於物質製造，乃至社會習俗上之種種創興發明，遠從包犧神農氏起，皆由人類中不斷有傑出聖人之不斷貢獻。凡屬聖人，則必上通天志，下達物宜，以善盡人情。隨時隨地，以起變化。上則效法天象，下則製作器用，而人道乃由此光明而暢遂。故在中國儒家教義中，宗教與科學，乃能相通會合，一以貫之，而其主要樞紐則在人。此即觀於上所稱引易經繫辭傳之一節而顯然可見。

人道中最主要者在於盡性。中庸上說，盡己之性而後可以盡人之性，盡人之性而後可以盡物之性。盡性工夫應分此三步驟。近代自然科學，主要偏重在能盡物性，但須有一先決條件。求盡物性，必求其於人類爲有利，不能求其於人類爲有害。故盡物性，必求其合於人性者而盡之，不當盡其與人性不合者。故盡物性，必先懂得盡人性。如何瞭解人性，則莫如先瞭解己性。己之性卽是人之性。自己瞭解自己性情，其事爲易。若自己不先瞭解自己性情，如何能瞭解到人類全體之性情。先瞭解己之性，與人之性，而求能有以盡之，更進而瞭解到物之性，而亦求有以盡之，此則人性物性己性可以相通合一。由知性而盡性，卽可以由人而達天，故曰盡性至命。亦曰可以贊天地之化育。由是觀之，可見中國儒家本亦由一種宗教精神爲基本，及其推衍引伸，乃可以發展出一種科學精神。再由此種科學精神回頭來充實圓滿其宗教精神。以儒家原來語說之，可謂由盡性知命推衍到格物窮理。而格物窮理，亦卽所以完成其盡性知命之理想。此二者，如環無端，可以相貫而相成。

再講到如何來盡性知命，格物窮理，其工夫，則全在人心上用。故孟子曰，盡心以知性，盡性以知天。心與性與天之三者，有其層累而上之階次。自孔孟以下，至於宋儒，莫不最看重人之心。故宋儒性理之學，又可稱為心性之學。其實孔子以下中國儒家之最大貢獻，即在此心性學上。近代西方心理學，有智情意三分說。在孔子早以知仁勇為三德。知即是此心之理智部分，仁則是此心之情感部分，勇則是此心之意志部分。但孔子教義，着重在全人生之全心體上。人生之主要主宰在其心。孔子之主要教義，乃從全心體來主宰全人生，由全人生來參悟天命眞理。孔子主張以人參天，因心見性，並不單一從此心之純理智方面來推尋眞理。故孔子思想，乃與西方一般偏重純思辨純理智之哲學家有不同。

中國儒家，每以性情二字連舉並說，亦常以心情二字連舉並說。宋儒說，心統性情。毋寧可以說，在全部人生中，中國儒家思想，則更看重此心之情感部分，尤勝於其看重理智的部分。我們只能說，由理智來完成性情，不能說由性情來完成理智。情失其正，則流而為欲。中國儒家，極看重情欲之分辨。人生應以情為主，但不能以欲為主。儒家論人生，主張節欲，寡欲，以至於無欲。但絕不許人寡情，絕情，乃至於無情。若使人生成為一寡情、絕情、無情之人生，此種人生絕對要不得，而且亦無可能。但若使人生成為一多欲或縱欲的人生，此亦絕對要不得。此種人生，不可大，亦不可久。理智作用，正在指導人生中欲的部分，使欲之要得者求能盡。欲之要不得者求能節。節之又節，求能盡量減少，以至於無。欲的部分受指導，則情的部分一歸於正，乃始可以盡其性。所謂欲之要得者，孟子稱之曰人之大欲，如人生中之飲食男女是也。此種欲，與生俱來，實卽是人之性。情從性出，故人有好生之情，有夫婦之情。飲食男女，亦皆在人之性情中。然若由飲食男女轉生出種種人欲來而不知節制，則多欲轉成寡情乃至於無情。人生種種大災禍皆由此起。故宋儒嚴分天理與人欲。天人可以求其相合而爲一，理欲則對立不並存。中國儒家並言情理。天人相合，只在情上合，不能在欲上合。

宗教家無不主張節欲，但飲食男女之欲，應節而得其分，此卽情之所在。若節而過其分，則亦將損傷性情。哲學家太過注重理智，不顧到人生中情感部分，則其所探求之眞理，亦是各偏一方，而不見眞理之大全。由科學發明人生種種日用必需品，此是其長處。但亦因科學發達而易於導奬人生向多欲方面發展，此則是其短處。由此短處，可以發生出種種大病害。故在科學所發明的種種自然眞理之上更須有一番人文眞理之指導。此一番人文眞理，則必須以人生中之性情部分爲主腦，此則正是孔子敎義與中國儒家思想最大貢獻之所在。

孔子敎義以仁爲中心。所謂仁，卽是指導各個人在人羣中如何做人之大道。而仁則在人心中，與生俱來，故仁卽是人之性，而主要乃表現在人情上。一應理智之發展，應有其指導原則，卽不能離仁違仁而走向不仁的路上去。仁中有愛，但愛不卽是仁。仁與愛之分辨，亦爲中國儒家所重視。因單講愛，則易流入於欲。欲的分數多了，反易傷其愛。如男女之欲過了分，則必傷害到男女間之情。男女間之情亦是仁，是性，而男女間之欲則可以不是仁，非性。孟子說，仁者愛人，乃是先有了仁，乃發出此愛。但亦有不仁之愛，此種愛則是欲非仁。人心有許多愛易流於不仁。故可說人性中有愛，但愛不卽是性。仁始是性。猶如說人性中有欲，而欲不卽是性。情始是性。儒家主張盡性，惟仁可以盡性，惟情之得其正者，可以盡性。僅言欲與愛，皆不足以盡性。不僅不足以盡性，並易有離性違性者之夾雜而轉以害其性。故儒家言性，不卽是言自然，乃有一番更遠大更精深的人文眞理在內。同樣理由，孔子言天，此下儒家亦言天，但可言天卽理，不可說天卽是一自然。欲是一自然，但不卽是天是理。所以孔子言知天命，其中卽寓有一番人文眞理，寓有一番宗教精神。若一意探求自然眞理，物物而求之，事事而求之，而昧失了其全體大通合一之所在。分別而觀，在每一物每一事上，若各可有利於人生。但積累旣久，綜合觀之，此等四分五裂之小利，終必成爲人生之大害。換言之，硏窮物理，必旁通之於人情，不能以滿足欲望爲歸極。故孔子教義中之人生理想，上通天而下及物，從知天命而達於盡物性。其主要樞紐則在人，在人之性，在人之情。而主要關鍵，則在每一人之心。故孔子教義，乃是一種人文教，主要乃是一種心教，乃本於每一人之心之全體而爲教。

人自嬰孩初生，及其青少年時期，身體發育未全，就其智識技能方面言，尙不足獨立謀生，乃必依存於其家庭中父母親長之撫養與照顧。但就其心情言，其對於父母親長之一番親切感，與其一番相引而起之敬愛之情，此卽其將來獨立成人入世爲人之一種基本心情。故孔子教義，乃以教孝教弟爲教仁之準備。嬰孩青少年時期，不能入世盡仁道，但卻可在家庭中盡孝道弟道。孝弟之與仁，卽是同此一心，亦卽同此一道。若使人之一生，待其入世爲人，獨立爲人，而仍能保其處家庭中爲子女時之心情，不失其對外圍人羣所應有之親切感與敬愛心。一人如此，此人卽可爲聖人。一世如此，此世卽不啻如一天堂。在儒家說來，此是一天道流行之世界，乃是一大同太平之世界。故孔子教義，乃就於人生之全過程而設教，亦就於人生之全範圍而設教，自修身齊家直至於治國平天下，而每一人之家庭，卽不啻如每一人之教堂。

孔子教義，在於智識才能方面，並不忽視。在孔子當時，七十弟子中，有政治家、理財家、外交家、軍事家，有以學問家身分而從事設教，或以自由人身分而從事經商。各就其性之所近之可能方面而發展。但主要在不失人生共同之大方向，以共同努力於此人生之大道。

此下中國歷史上之各項人物，如在政治經濟外交軍事教育商業乃至各項專門知識技能方面，幾乎絕大多數都從孔子教義儒家理想所產出。所以全部中國史，可說全由孔子教義儒家理想所支配，所形成。中國民族不斷展衍，中國社會不斷推擴，中國歷史不斷緜延，直迄於今。其間孔子道昌，則爲興盛世。孔子道晦，則爲衰亂世。要瞭解孔子教義與儒家理想之全部意義與價值，則必從中國歷史來探求，證明，衡量，判斷。

孔子教義與儒家思想，對於此下世界人類前途亦當有其貢獻。全世界人類各大宗教，在其原始意義上，都不免輕視了人類之現世界，而重視了另一世界之存在。其對於上帝之人格化，以及上帝創世誕生人類方面，都不免有過於具體與確切之想像與描述。現代人對於自然方面各項智識逐步開展，尤其如天文學、生物學，遂使宗教觀念逐漸淡薄，而人類對於歷久相傳一番最高最終極之信仰，亦將失其存在。此將使人類陷入一近視之黑暗中，只在目前種種小利害上相衝突。只有孔子教義，能使人保存一種對於宇宙大自然之最後不可知之最高主宰之存在，而不失其敬心與愛心，而不受現代乃及將來不斷的科學新知識之搖動與破壞。其主要關鍵，乃在即以人類現實世界爲中心，就其種種可能性而上探前古，下窺今後。又推至於人類世界之上，與人類世界之外。故孔子教義，乃是以人尊天，以人合天，而絕無尊天抑人，主天蔑人之傾向。

人類對於自然界種種物理之追尋與探究，其主要路向，應一本於以人生大道爲出發，以人生大道爲歸宿。先標出一條人生大道來可使人類心智不至浪用，不使散漫無統，不至踏入物爲主而人爲奴之陷穽中。物與人與天，此三者，有其一定之層次，不可迷失。孔子教義與儒家理想，始終保持此層次，故格物窮理與明心見性，與知天知命，三者相通合一。以宇宙大自然爲一整體，而以人類之共同心情爲之主。民吾同胞，物吾與也，以天地萬物爲一體，以正德利用厚生爲格物窮理之目標。窮格物理之所極，卽所以窺見天心之仁。自然科學方面之日益發展，可以無損害對宇宙大自然有一種敦厚眞摯之宗教精神。理智與情感相輔前進，人文主義與自然主義相得益彰，可以爲現代科學補偏而救弊。

就一般哲學思想言，常不免有一種心物之爭。物質界與精神界，每易分道揚鑣。宗教家高懸一靈魂界，謂其超出於物質界。科學家則偏重物質方面。就生理學來研究心理學，以狗與鼠的心理來研究人類心理之參考與入門。於是心理學成爲自然科學中一部門，而有無靈魂的心理學之稱。孔子教義與儒家思想，則不太過分注重心物之別。既不是一種唯物論，亦不是一種唯心論。因人心而推論到天心。天心卽從人心見。物可以無心，但物必有性。在性中，必有一種好惡之動向。故雖無心，亦若有心。但並不認有靈魂界之單獨存在，並亦不認有超脫物質以外之心。心的精神，只從物質中見。就人之一生言，身體可以毀滅，但生前的心活動，死後仍有其影響存在。身是個別的，心則可以是共通的。心有同然，舜之孝，卽如周公之孝，亦如閔子騫曾參之孝。故曰：孝子不匱，永錫爾類。人類歷史文化，卽此人類共同心之所表現而完成。人類之身生活，既短暫，又各自分隔。而人類之心生活則可成爲一共同體，歷久傳遞。孔子稱此曰仁。故曰仁，人心也。又曰仁者壽。人生之不朽，卽不朽在此仁體中。此體仍表現在人羣社會，更不須於物質界以外來另立一靈魂界。仁道大行，塵世卽天國，人而成仁，卽可在此塵世復活，在此塵世永生。

其次說到個人主義與集體主義之分別。就孔子教義言，每一人，必當在大羣中做人。若離開大羣，卽與鳥獸無別。故曰：鳥獸不可與同羣，我非斯人之徒與而誰與。但不能以大羣來抹殺個人。孔子說：爲仁由己，而由人乎哉。縱在一個不仁的社會中，每人仍可自成其仁。須待人人能仁，此社會始是一仁道光昌的社會。但在一仁道光昌的社會中，若其人不自勉力於仁，則此人仍將是一不仁之人。孔子教義，只教人在大羣中做人，但大羣不能代己做人。個人由於集體而得其個人之意義。集體亦由於個人而有其集體之價值。依於孔子教義，永將不有個人主義與集體主義之衝突。

其次要說到共產主義。此一主義爲禍人類，已可不待將來之證明，卽就當前事實而可知。馬克思自謂乃以科學方法創造其唯物史觀。不知人生既不是唯物的，也不是唯科學的。科學方法可以用來駕馭自然物，但不能用來探究人類歷史文化演進之規程。又況馬克思要在人類中強分階級，又在階級與階級之間強調鬪爭。人類歷史文化，則決不由階級之鬪爭而演進。按之已往歷史，斑斑可知。但馬克思之唯物史觀與其階級鬪爭之一套思想，亦由當時歐洲社會資本主義之突飛猛進所激起。資本主義雖不主張唯物，但有偏重物質之傾向。資本主義雖是標榜自由，但資本主義脫離不了鬪爭之實質。凡屬物質人生，則必無逃於發展出鬪爭來。所以馬克思的理論，實際是充滿了病態，而實亦由其當時的社會病態所引起。今天的共產主義，其實也只是一種資本主義。一面是個人自由的資本主義，另一面則是一種集體強迫的資本主義。要之是在經濟物質上打算盤。而人生全體問題，則決不僅止於經濟物質方面之所能解決。今天的世界，乃日陷於惟賴經濟物質來求解決問題，此是今天人類一大病態。

再由此說到自由與組織。人生貴能有自由，但同時亦不能無組織。但其組織，應由自由來，不由強迫來。共產極權政治，摧殘自由，強迫組織，其事絕對要不得。但在個人自由的資本主義方面，發展出大企業，大團體，亦何嘗不損害到個人自由。若盡是在物質人生方面爭取自由，極其所至，資本主義非徹底破壞，亦將大量變質。因此，集體組織的共產主義固然不可久，而個人自由的資本主義也必不可久。將來的人類社會，在此經濟物質生活一方面，若非另找新出路，則雙方競爭日烈，終會同歸於盡。

在孔子，雖然提示了一番普遍指導全人類的人生大道，但在孔子當身，及其後儒家之信奉其教義，益後益盛，而從未有一組織，如各宗教之有教會，但亦不妨其教義之傳播。孔子及儒家，既不提倡組織，因亦不提倡自由。信受孔子教義之中華民族，初看像是沒有一切嚴格之組織，因此其民族中各分子，莫不有其一分高度之自由。但中華民族同時乃是一極富團結性的民族。所以能日擴日大，由一民族組成一國家，而至今存在。

在孔子教義中，經濟物質方面的人生，亦並未忽略過。而且中國地大物博，遠自戰國時代起，即有極盛的國內商業。漢以下，又有不斷的國外商業之繼起，亦復甚為發達。但中國社會，從未有資本主義之產生。中國人亦永不向極端的物質人生的道路上前進。因此中國幾千年來的歷史過程中，對內對外，其愛好和平之特徵，可以常持不變。

說到政治，中國雖是一廣土眾民之大國，但亦絕沒有極權政治之發現。不瞭解中國傳統政治者，乃謂中國所推行的乃是一種君主專制政體。又謂孔子教義與儒家思想，乃因專制帝王之提倡而得勢。這些都是不明中國歷史詳情的人所憑空想像的一套讕言。正因中國沒有君主專制，所以也沒有民主革命。孔子教義，只是一種中庸之道，兼容任何相反之兩面，而不向任何偏向之一面來反對壓迫另一面。所以中國民族極富和平性，而鄙視鬪爭性。

從上分析，可知孔子教義與馬克思一派的共產思想絕不相容。至於最近中國所以突然有共產主義極權政治之出現，則因晚清以來，不斷受外力之欺凌壓迫，中國民眾亟欲奮起抗爭，遂將孔子教義擱置一旁，中華民族歷史文化的一套傳統精神暫時被放棄，要來追隨西方近代偏向經濟物質人生的道路，而慕效西方資本主義，急切難獲成長，共產主義乃得乘虛而入。惟共產主義既屬違逆人性，更復大背中國國情，共產政權在中國社會，斷無生根之理。卽觀此二十餘年來共產政權在中國大陸之不斷動亂，便可證明。在最近之將來，共產政權崩潰，中國社會重獲安定，孔子教義與儒家思想必見重昌，而此一套教義思想，當可由中華民族之宣揚而傳播全世界，對世界人類文化前途，將有其貢獻。本人謹願以此期望爲中華民族前途祝福，爲全世界人類文化前途祝福。

民國六十一年九月爲臺北東吳學報作

一四　孔子思想與世界文化新生

孔子思想，在世界人類各項大思想中有其一份獨特之地位與性格，此一層，我們當首先認取。

世界人類各項大思想，其表現方式，不出兩大型：一爲宗教，一爲哲學。

孔子思想，乃針對世界全人類，無古無今，無地域之隔閡，無種族，無國界，無老無幼，無男無女，無智愚，無貴賤貧富，無種種職業階級，無一切分別而設教。在此方面，孔子極似一大教主。孔子思想，應可成爲世界一大宗教。

但全世界每一宗教，必先有一超世絕俗之大前提，於人類之外有一上帝，於現實世界之外另有一歸宿，如所謂天堂者是。佛教雖無上帝信仰，而亦同有其一套離世絕俗之歸趨，即其所謂涅槃境界。故世界一切宗教信仰，必與現實人生相判別，相隔離，而後其種種教言，乃有所根據而安設。惟孔子思想，於現實人生外，不需先有一信仰。其種種教言，乃不需一離世絕俗之前提。故孔子思想乃不成一宗教，而孔子亦非一大教主。

說到世界人類各項哲學思想，更是千差萬別，然亦同歸一致。他們雖不要人先立一信仰，但在他們各自間，則必同有一套思想方法，換言之，乃是他們一套各別的思想格律，要人接受。凡屬哲學思想，必然有其層次，有其曲折，有其體統，有其組織，外於人生實際，而先自完成其一套。因於為此一套層次曲折體統組織所限，而各派哲學思想之內容，乃亦如宗教般，在其相互間極難有會通合一之可能。全世界古今各項哲學，其出發點各不同，其歸宿點亦各不同。雖各自探求眞理，而眞理終不免為諸家哲學所分裂。除共同必有一番思想方法思想格律外，論其思想內容，則無可資人以共守。

孔子思想，不需人先立一信仰，此層極似哲學。但孔子思想，乃若無層次，無曲折，無體統，無組織，似乎並無一套特定之思想方式，與思想規律，而使孔子思想終亦不成為一套哲學的思想。

孔子思想，有其一番宗教精神，而終於為非宗教。有其一番哲學智慧，而終於為非哲學。吾儕必循此求之，庶可見孔子思想在人類其他思想中所具有的一份獨特地位與性格。

孔子思想，扼要言之，乃在卽事論事，卽人論人。極具體，但可達於極玄遠。極親切，但可達於極超脫。極平實，但可達於極幽深。極分別，極零碎，但可達於極會通，極圓成。論其出發點，則人人盡知盡能。求其歸宿處，亦人人易到易達。而其中間過程，則可以極廣大，極多端。

人類觀念，本可有種種分歧，乃至於種種對立。但融入孔子思想中，則無不可以達於圓通而合一，無對立，乃至無分歧。

在宗教上，必有一天人對立。但在孔子思想中，則天人合一，融爲一體。既不尊天而抑人，亦不倚人而制天。

在哲學上，每有一心物對立。但在孔子思想中，則心物合一，融爲一體。既不尊心而蔑物，亦不崇物而賤心。

在現實人生中，每見有大羣與小己之對立。但在孔子思想中，則羣己合一，又自融爲一體。每一小己，莫不可爲大羣之中心，而每一大羣，亦莫不成爲小己之外圍。非外圍無以立中心，無中心亦無以見外圍。羣之與己，乃共見爲一體，不見爲對立。

在現實人生中，又每有自由與規律之對立。但在孔子思想中，則自由與規律之二者，又自合一，融爲一體。卽在相互自由中見規律，亦卽在規律中涵有相互之自由。

此只略舉其大者。其他人類各項觀念與各項思想之分歧與對立，就孔子思想言，乃無不可以交融合一，見其相成，泯其相反，而整個人生乃只見一大道。

今試問：孔子思想何以能到達此境界？簡言之，實只有就人論人就事論事之兩語。惟其如此，所以能極親切，極平實，極簡易，極單純，不煩先立一項隔離人生之高遠信仰，亦不需一番擺脫實際之曲折思辨。孔子思想，乃得成爲一項普遍的常識，不需任何條件，不歷任何階段，而爲一項盡人可知、可行、與夫可信而可守。

孔子思想，乃是一種人文本位者，或說是人文中心者。孔子只就此本位、此中心、來論人事，來求人文之實際。一切人文，則無從不天地大自然來，亦仍必在此天地大自然中。一切人文本身，則仍是一天地大自然。換言之，天地大自然，亦卽在人文中見。故卽人自可見天，卽人生可以見自然。而孔子思想，則並不拘礙在此人文小圈子之內而違蔑了天地與自然。但亦不遠離人文圈子之外，而單獨向於天地大自然中任何一項目，一場所，個別追尋，個別深求。必待從此覓得一觀點，一理論，然後再回頭來向於人文實際作領導，施束縛。孔子思想，始終並不曾脫離人生，而先向遠處繞大迂迴，然後以此等迂迴回頭來安放在實際人文本位之上。此乃孔子思想之最大特出處。

然孔子思想，亦並不曾要先破棄了在他以前人類社會所曾有的各項宗教觀念與宗教信仰來獨自創建其一套人文理論，更不要先把人文事實放在一旁來先創建他一套新的宗教信仰。孔子思想之最大貢獻，不在其有所排拒，而在其多所會通。

又如在實際人生中，有物質的人生，亦有心靈的人生。此事盡人反躬自知，明白易見。然在一切實際人生中，何時何處，則應以物質爲重，何時何處，又應以心靈爲先。孔子亦只就事論事，並不曾要先超脫了實際，憑空定下一原則，究竟當重心，抑重物。更不需要冥搜窮索，究竟此天地大自然，與夫人生大羣，乃始於心，抑始於物。其終極本質，係屬唯心，或唯物，或是心物對立，或是心物合一。如是種種：皆可成爲哲學思辨上的大問題，而在孔子思想中，則不需重視。

又如在實際人生之心靈活動上，粗略言之，有情感，有理智，有意志。此三者，究係三分，抑係合一？究是誰爲主、而誰爲從？究應孰在先，而孰在後？孔子就事論事，亦不在此等問題上先作思辨，先下結論，先繞了大圈，然後再來向實際人生作一硬性的，而又是懸空的，不切各種情實的指導或規律。

孔子就人論人，就事論事，則只在每一人之實際人生卽其日常人生而來作示範舉例。既不就某一人來抹殺另一人，亦不就某一事來抹殺另一事。其思想範圍，與其思想項目，似乎極零碎，極多端，但其間有一共通大原則，卽每一人之人生，則必在天地大自然中，又必在人類大羣集體中，而獲得其各自個別之人生。而極其所至，則每一個別人生，乃亦各得爲其大羣集體人生乃至爲天地大自然一中心，一基點。

蓋孔子思想，雖只是就人論人，就事論事，極平常，極切實，但就每一人，而可推而通之於任何人；就每一事，而可推而通之於任何事。故雖極平常切實，又極高遠圓通。既可從任何一人一事，推而通之於大羣，亦可推而通之於宇宙。又可從任何時任何境而通之於一切時與一切境。故曰：每一人與每一事，各別可以立爲人羣與宇宙一中心，一基點。

試粗舉論語中幾項淺顯之例以爲證。

論語：子適衛，冉有僕。子曰：庶矣哉。冉有曰：旣庶矣，又何加焉？曰：富之。曰：旣富矣，又何加焉？曰：教之。

又：子曰：士志於道，而恥惡衣惡食者，未足與議也。

可見孔子論大羣人生，論政事，則主先富後教。論個別人生，則衣食雖若先要而轉居次，志道之心雖屬後起而當爲主。此卽就人論人，就事論事，有其通則，然更不煩憑空立論，必求衣食與道卽物與心之孰重而孰輕。

子游問孝。子曰：今之孝者，是謂能養。至於犬馬，皆能有養。不敬，何以別乎？子夏問孝。子曰：色難。有事，弟子服其勞。有酒食，先生饌。曾是以爲孝乎？

此又見每一人居家事父母，與其居國從政事有不同。孝父母，決不能脫離物質生活之奉養。然曰敬，曰色難，則是一種心的表現。雖不抹殺物質人生，而仍以每一人之心之所表現者爲尤要。

孔子思想重言孝，此乃無男女，無老幼，每一人之對其父母，則必當有一番溫暖親切之情，此乃就於人心之大同，而此心則起於自然，非由任何人憑空建立一番理論而強人人以如此。然能推此心則爲仁爲愛。能推此仁愛，則又必有義禮智種種諸德，從之而生人心之種種活動，皆當以仁爲本。故有子曰：本立而道生，孝弟也者，其爲仁之本與。可見孔子思想，乃建本於每一人心之自然而又使其相互間可以達於大通合一之境者。故奉以爲人道之大本也。

或謂孔子曰：子奚不爲政。子曰：書云：孝乎惟孝，友於兄弟，施於有政，是亦爲政，奚其爲爲政。

孔子志欲行道於天下，自亦必以政治爲重。然政治非人人所得爲，又非時時所得爲。不如在家孝弟，則是人人得爲，又時時得爲者。每一人之在家庭中，亦有種種事，幹此種種事，亦可謂卽是在家庭中爲政。爲子女者，本此孝友心，在家庭中幹種種事，其事亦卽一家之政，其人亦卽不啻是一家之主。家庭固以父母爲主，然就子女之孝心孝行言，此子女之孝心，亦卽不啻各自爲其家庭中一主，一中心。推而極之，修身齊家治國平天下，亦卽此心之一貫而暢遂。人人具此一片孝心，一片仁愛心，亦卽是其人修身齊家治國平天下種種大事所從出，而此一片孝心，一片仁愛心，則居中而爲之主也。

天地大自然生此人類，在天地大自然中是否有一上帝，若有此上帝，此上帝又何爲而生此人類，在孔子思想中，此等皆可不加深論。惟既有此人類，則就人論人，必求在此人類大羣中，各各有家可齊，有國可治，而求此人類羣居之天下亦各得其平。孔子則只望人人能參預此工作，人人能負擔此責任。就事論事，則在人與人間從其各自具有之一番溫暖親切之仁孝心情做起。而孔子又專就人之自幼俱有之一片孝心作指示與敎導，以求人類之共登此大道。有子在孔子弟子中，孔子沒後，爲羣所推奉之一人，其孝弟爲仁之本之遺言，驟視若淺顯易知，推而求之，實有其深義之存在。

孔子思想，務使每一人能具有人生崇高之意義與價值，務使每一人在每一時每一境中對每一件事，能各自對於其羣體廣大人生有其一分之貢獻，而又求此項貢獻之可以不朽而常在，而在其相互間，又求其可以和協而一致；必如是，乃可使人類文化日進無疆，以達於圓滿成就之理想。而孔子所指導於人者，則只就每一人之日常人生中，就其易知易行，可守可信者而加之以指導。

玆再舉曾子所言一條以爲證。曾子有子，皆在孔子身後爲羣弟子所推尊，而此兩人之言，卽上引有子一條，與此引曾子一條，乃同列於論語之首篇，與孔子之言交錯並列，此乃七十子後人，編纂論語，自具深意，非偶而然也。

曾子曰：吾日三省吾身，爲人謀而不忠乎，與朋友交而不信乎，傳不習乎。此處曾子所提出人心之忠信，亦如前引有子所提出人心之孝弟，此皆人人所具有，與生以俱來，不學而自能。而且孝弟忠信，其實只是一心，非有孝弟忠信之許多各別心。人之幼年，在家庭中對父母兄長知孝弟，及其稍長出門，在社會，自知對人對朋友有忠信。人類孝弟忠信之心，其對大羣人生貢獻何在，此可不煩深論。但若人人不孝不弟，不忠不信，則人類大華文化，斷無理想之前途，此乃已盡人可知。而且孝與不孝，弟與不弟，忠與不忠，信與不信，此項辨別，亦可不煩他人指點，人人可以反省而自知。孔子思想，卽在此等日常生活，人人可知可行處，親切平易，指示出了人生之大道。

所謂孝弟忠信，不專存於一心，亦必從而表現出種種事。其事不專限在每一人心之內部，而必牽連到其對人對外之種種。而此種種，則在每一時每一境中，又可有各不同之相異。此種種各不同之相異，雖同出於一心，而千差萬別，千頭萬緒，乃不能用一語道盡，而必待於各人自憑此心以善盡其所表達，以各求其至善至美之所在。於是在人人所可知可行可信可守中，乃有不斷之學問與斟酌，選擇與抉別。故孔子思想，在其發端處，雖若人人可知可行，可信可守，極平實，極親切，極簡易，極單純。而在其各自前進之過程中，及至其各自所欲到達之終極點，則需要學問上極廣大，極精微，極高明之無窮追尋與研究。而有待人人各自之努力。

在論語第一篇之首章，孔子卽教人以學而時習，曾子之三省吾身，其第三項亦曰傳不習乎。孔子又曰：十室之邑，必有忠信如丘者焉，不如丘之好學也。故在孔子思想中，乃蘊藏有一項極廣大，極精微，極高明之學問境界。此一境界，論其最後所到達，孔子乃從不舉以敎人，抑且孔子亦從不以其一己之所學而自滿自足。在孔子，只敎人以學而時習，其所自許，則曰：吾學不厭而敎不倦。又曰：下學而上達。其所學，則只在每一人之日常生活中之平易親切，可知可行處，故謂之曰下學。能下學，則自能上達，而其上達所到之境界，則孔子從不輕易憑其想像或曲折立論，而故爲高深以示教。子貢在孔子弟子中，乃最敏銳，最能感受之一人。子貢有言曰：夫子之文章，可得而聞也。夫子之言性與天道，不可得而聞也。所謂文章，乃具體之事而散見乎外者，此皆可以下學，可以與人俱知。而性與天道，則待每一人之上達而自得，高下深淺，可以各自不同。故孔子平日不輕以此教導指點人，遂使孔子思想，乃與世界人類中其他所表現之各大宗教各大哲學各大思想，俱有其不相似。顏淵在孔子弟子中爲孔子所最稱道，許其最能得孔子之傳者。然顏淵有喟然之歎，其歎曰：仰之彌高，鑽之彌堅，瞻之在前，忽焉在後。夫子循循然善誘人。博我以文，約我以禮，欲罷不能，既竭吾才，如有所立卓爾。雖欲從之，末由也已。孔子只稱顏子一人爲好學，然亦惟顏淵一人，乃知孔子之教，有其終於高不可及之一境。

孔子亦嘗自歎，曰：莫我知也夫。子貢曰：何爲其莫知子也。子曰：不怨天，不尤人。下學而上達。知我者其天乎！此乃孔子由於不斷上達，而終極於人文境界中無窮盡而最高之一境，此一境已是不能與人共知，故孔子自歎，謂知我者惟天也。孔子思想，本從人文境界而上達於宇宙大自然之最高原理處。孔子之所謂天，即是此宇宙大自然之最高原理所在，與其所從出，故曰只有天或許能知我。若此宇宙大自然中之最高原理，果有一上帝爲之主宰，或由上帝而建立，則亦可謂惟上帝爲能知孔子也。故孔子思想雖不成爲一宗教，孔子雖非一宗教主，但孔子本人，則有一番極偉大極崇高之宗教精神。至少當與舉世人類其他各大宗教之各大教主相彷彿。

但孔子則只是一教育家，惟孔子之所教，實可以徧及於任何時代任何環境中之任何人，凡屬信受孔子之教者，皆可使其黽黽勉勉，不懈不息，而在其各自之實際人生中，各有一番最高、無窮盡，而不易到達之境界。此亦是孔子與全人類中其他教育家若相似而實不相似處。

故在孔子思想中，其所指導，乃具有兩境界。一則盡人可知可行，即在其日常人生中，可以當下即是。每一起點，同時即可是一終點。人人可到達，亦即可以當下各得一圓滿之成就。此即如上之所舉，由每一人之孝弟忠信之由內以及外，本之心而見之事者。此雖若小道末節，然使人人可以下學而自得其性，人人可以上達而自通於天道。人生至是，亦幾可以無憾。但此一境界，同時乃是一無窮盡無終極之境界。乃使人人在此境界中，永當上進，永無休止，日新不已，而人生則只在此一不懈不息之過程中向前。

自孔子沒後，中國社會上自由思想風起雲湧，由孔子思想展演而成者爲儒家。其他舉其最主要而擁有甚大影響力者有墨道兩家。墨家注重於羣體人生，其理論根據，則上推而本之天。墨家思想與其行動，極爲接近於一種宗教團體，墨家思想之缺點，則在每一人之心理上，只提倡一種宗教情感而忽略了其他自然情感的多方面；並在個人生活中所應有之多種自由方面亦未被重視。舉天來壓低了人，舉團體來壓低了個人，使人人崇拜其偉大，而終於爲不可行。其次爲道家，展演出一種自然哲學與個人主義。其自然哲學之展演，成爲一種極透徹的無神論。其個人主義之展演，成爲一種極端的個人自由，而趨向於無政府。道家思想與墨家適處於相反之兩極端。道家之所謂天，乃成爲一種純自然。而道家之所謂人，則成爲一純個人。孔子思想在墨道兩家間，則適成一中道。若謂墨家屬於宗教性，則道家屬於哲學性。此兩家思想，皆在人文圈子外先建立了一套理論，而回頭來指導人生，拘束人生。其在實際人生中，有選擇，有排拒。而孔子思想則即人生論人生，乃可於墨道兩家有調和，有折衷，使墨道兩家思想可以相互間有其相通而不至於相反。因此在以後之中國思想中，終於接受了孔子思想，而道家退處於次要，墨家則成爲不重要。

於墨道兩家外，尚有法家，則過分重視了政治與法律，而忽略了天與自然之一面。又其在人文圈子內，只由政治上層來統制了社會下層。又有農家，則過分重視了社會下層之經濟與生產，以普遍勞動來實現經濟平等，重視了社會，而忽略了政治，又忽略了人文界其他種種之活動與意義。此兩家亦適處在相反之兩極端。而且法家從道家轉出，乃放棄了道家最重視的個性自由。農家從墨家轉出，乃亦放棄了墨家最重視的尊天精神。所以法農兩家，雖從墨道兩家轉出，而都喪失了其所從來的高一層嚮望。而孔子思想，則既保有墨家的尊天精神，又保有道家的個性自由精神，而皆不走上其兩端之過分而相反處。墨道兩家，已從孔子思想各走上了一極端，而農法兩家，又從其極端處落於低淺。由於農法兩家之偏滯與固執，而更益顯出孔子思想乃爲人文思想中之一中道。

除上述四家外，又有名家，專在名字與觀念上推演其思辨工夫，形成爲一種純哲學的，而乃至陷入於詭辯。又有陰陽家，專務於觀察自然，而把道家之純自然哲學變成爲一種多神或泛神論。此兩家，名家近於墨，陰陽家近於道，而較墨道兩家思想則遠見爲褊狹與淺俗。又且名家由墨家之宗教性轉向了哲學性。陰陽家由道家之哲學性又轉向了宗教性。不歸於此，則歸於彼。總是走向違離人文之極端。只有孔子思想，不離人文，一務平實，只是一種常識的。既不要先建立一個玄遠的信仰，也不要演繹成一番幽深的思辨。非哲學，非宗教。只在日常人生之親切處見玄遠。只在日常人生之平實中見高深。只成爲一種普遍通俗性的常識，而在此常識中，蘊藏着無限眞理，可以與人共見。又使人人若爲不可及，而有待於學問上無窮之追尋。把孔子思想與名家陰陽家相比，更易見得孔子思想只是在人文本位上一條平易的中道。而其宏大高深，則又遠出於名家陰陽家之上。

除卻墨道法農名陰陽六家以外，其他尙有各家思想，更屬自鄶以下，不煩指數。秦漢以下，中國大一統，中國人終於選定了孔子思想，奉爲一尊，而孔子思想，終成爲中國思想之大宗與主流。把此來消化融會了其他各家思想之長處，又把此來修飾裁改了其他各家思想之短處。而孔子思想乃與中國思想成爲異名同實之一體。

魏晉以降，佛教東來。中國僧人，先以老莊道家思想與之相迎合，繼以孔子儒家思想與之相扶會。迄於隋唐，中國佛教宏昌。天台、禪、華嚴，皆由中國僧人自立宗派，自創教義。而尤以禪之一宗，在中晚唐五代以及宋初，幾於掌握了中國思想界之最高領導權。循禪宗之主張，卽塵俗可以證涅槃，卽日常可以成正果。卽身而卽佛，卽現前而卽究竟。不煩玄遠之信仰，不經曲折之思辨，卽就日常人生中，作一言片辭之指點，不立文字，單就一心，卽可使人自證自悟。化宗教信仰爲現實常識，使人人當下有一入門，並使人人當下得一歸宿。禪宗實可稱爲是孔子思想之一種借屍還魂。所不同者，孔子思想究竟重在入世，而禪宗設教，終是未能把佛家傳統之出世精神盡情洗滌，於是乃有宋代理學之代興。

宋代理學，可謂是孔子思想之復活。理學家指導人生，亦從日常現實中獲得最高眞理。從各自內心啟鍵開籥，進入修身齊家治國平天下種種廣大的人生實務，而一以貫之。每一人，在其一切時，一切境，種種條件下，各可獲得人生最高眞理。而相互配合，以完成一人之最高理想與最高境界。不待人生大羣之俱得躋此境界，而無害於每一人之先自各達此境界。而每一人之先自各達此境界，乃卽爲大羣全體之躋此境界開闢了一條親切、平實、簡易、單純之大道。可以融化各種宗教各種哲學於實際人生中，而實際人生中一切幹濟事爲，皆可在此一大道上配合無間。無衝突，無扞格。不棄一法，而萬法歸宗。只有一套教育方法，可使人人己立而立人，己達而達人。羣己一體，天人一體，以共赴此人生之大理想。

今天的世界，則正已走上了一條羣言龐雜、思想紛歧的道路。各地舊文化各就衰頽，而各地的新文化則尚待萌茁。舉世遑遑，莫知所向。舉要言之，有宗教與科學之衝突。宗教注重心靈啟迪，科學注重物質駕馭，而不免內面的心靈世界，與外面的物質世界相衝突。就內部心靈世界言，縱使人人皈依一宗教，人人信仰一上帝，人人追尋一套哲學，但在其相互間，則又不勝相異，不勝衝突。就外部物質世界言，科學眞理，其相互間，雖若可以相通合一。但此科學上相通合一之眞理，只可憑以對付物質界，不能用來對付心靈界。在物質方面，今日的世界固已突飛猛進；而在心靈方面，則益形紛歧，益形晦亂。其間則有國與國之衝突，民族與民族間之衝突，又有每一行業間之衝突。物質愈進步，衝突愈尖銳，亦愈緊張。衝突愈複雜，愈擴大，而愈難有解決。

在此種種衝突中，所謂人生眞理，乃益形晦亂，益形分歧。而實際人生，乃益見有種種不可調和之對立，不復再有相互融通之協調。其最大者，有唯心唯物之各趨極端，有大羣小己之互不相容。主張集體人生者，每把大羣集體來吞滅了小己自由。主張個人人生者，又把小己自由來淹沒了大羣集體。而物質人生與心靈人生，尤難調和合一。各項宗教信仰，則已逐漸衰退，不能再用來誘導實際人生而獲得一親切平易簡單之解決法，而徒啟相爭。而各項哲學思辨，則又各有立場，各有演繹，各有組織，各有結論。雖若各自有其曲折深微之處，而要之分歧割裂，乃使哲學思想幾若成爲人類智慧一種爭奇鬪勝之游戲與玩藝。而此項遊戲，乃亦有不可復繼之勢。要之在下面，旣脫離了大多數人之自然心靈，而各自進展。而在上面，亦無法接觸到人生與宇宙自然相融合的最高眞理之共通面，以相與而有成。

若說要退後一步，主張保守，則人類思想已往業績，如各項宗教與各項哲學，已成爲強弩之末，支離破碎，無可憑之以求應付世界人類當前之局面。若說要向前一步主張進取，則今天人類在繼續前進上所猶可期望者，只賸有科學一項。單就物質方面謀進步，而使人生其他各方面，全得追隨在物質進步之後而亦步亦趨，喘息以赴。此項進步，最多亦只是物質的，而非全部人生的。而全部人生則轉將因於物質進步，而反見其紊亂與後退。

今天的世界人類文化，不僅如上舉，有宗教科學衝突，有國家與國家，民族與民族間衝突，有心物衝突，有羣己衝突；而且復有貧富衝突，卽資本與勞工間之衝突，有新舊衝突，每一社會上中老年人與青少年人起衝突；而甚且有男女衝突，夫婦衝突。如是等等，紛見迭出。人與人間，一若惟有衝突之存在。人類之所由猶得以相互團聚，猶得人與人間相互結合以成爲一體，而不致於急激破碎，分離以去者，則惟賴各種經濟機構，其背後則純屬物質的，而非心靈的。又一則爲政權組織，擁有強力加以控制，則只見爲強迫的，而非自由的。要之都只是在外面加以一種黏合，而非由人類本身內心深處之自有其黏合與融和之所在。

今天的世界，由於物質進步，而使全世界人類日趨於接近。而正爲此物質進步，人類日相接近，而使全世界人類在其心靈上，乃失卻其黏合融和以共成爲一體之主要成分，而更走向各自離散與敵對之一途。於是人心苦悶，懇切要求能有一轉變。而此轉變之曙光，則不幸而日益黯淡，日益渺茫。不僅無可接近，甚至無可瞻望。

今天的世界大問題，正本淸源，首應著重於教育問題上。而今天人類所能寄望之教育，將是一套嶄新的教育。此項新教育，則不能單一寄託在古老之宗教信仰上，亦不能單一寄託在古老之哲學思想上，更不能單一寄託在專限於物質方面之各項科學的知識與技能上，更不能寄望在狹義的國家與民族之各別相爭上。此項新教育，則必當以全體人類爲其共同對象，不問國別、種族別、職業別，乃至男女老幼富貴貧賤種種人生境遇中之種種差別相，而有其一套共通的教育宗旨與教育方法。更不能有種種條件限制，如所謂小學大學，普通教育與專門教育等，應使人人有接受此新教育之可能。只要其是一人，卽應包括在此新教育之對象中。縱是種種人間相，千差萬別，此一教育理想與教育方法，則純一無別。不論種種零碎事項，都能在片言隻語之指點下，可以使其各自反於心，各自達於外，而共同趨赴於同一目標，而不見有衝突，不見有差歧。

求之人類以往之教育宗旨與教育方法，能符合此一理想者，則惟有孔子思想。

孔子思想並不是宗教，但在孔子思想中，具有極深厚的宗教精神，與尊天敬神的觀念。孔子思想雖不曾由此推演出一套宗教信仰，但在宇宙大自然中之具有一項最高眞理，與夫此項眞理之是否出於一上帝，或由一上帝爲之主宰，苟有人在此方面探索，只要其探索所得，無礙於實際人生之向前，在孔子思想中，亦不曾對此加以深閉固拒之態度。不惟佛教爲然，其他如回教耶教等諸大宗教，均能在中國社會上和平相處，不發生嚴重衝突，此卽爲孔子思想對於諸大宗教富有包容性之一個具體明證。

孔子思想並不曾完成爲一套自然科學，但亦並不反科學，抑亦容許各項科學有其各自之發展。如大學言格物窮理，中庸言盡物性，易傳言開物成務，又言形而上者爲道，形而下者爲器。及書之言正德利用厚生。都只在自然科學所能完成之種種事物上標示出一個人文目標，使自然物質與人文理想相得而益彰。抑且在中國歷史上，不斷有自然科學方面之專家，如算數、天文、曆法、水利、建築、農業、音樂、醫藥、種種專門人才，皆曾有其偉大成就，然幾乎絕大多數全是崇奉孔子思想之儒家。以前如此，以後當亦可然。孔子思想之發揚光大，將決不會是反科學的，此亦無待深論。

孔子思想，乃以人類全體爲其教育目標、無國別、無種族別、無男女老幼、貴賤貧富、智愚敏鈍，種種人生間之自然別與人爲別。故曰有教無類。又不論時間別，孔子思想極尊傳統，但亦極重開新，隨時隨地，隨於人類社會之種種事象差別中，皆直指人心以爲敎，直指人心之全體，兼顧於感情理智意志，人心多方面之種種功能與活動以爲敎，又必本於人心之所同然者以爲敎。如敎父以慈，敎子以孝，敎爲人下者忠其上，敎在人上者敬其下。一以貫之，則是一種忠恕之道。無彼無我，易地則皆然。在人類的性情上開出理智，在人類之理智中完成性情。在人類之大羣體中涵容一切個人，在一切個人之相互結合中團聚成爲各種之羣體。由家達於國，以達於全民族、全天下，而完成一世界人類之大羣，使之相安相樂，無往而不各得其所。個人可以極自由，而不害有共守之規律。規律可以極細密，而不害於各人之可以各得其大量之自由。孔子思想，與夫孔子之教育目標，則只站在人文本位上。由大羣人以至各個人，由各個人以至大羣人，莫不本於一心，以相通合一。而如何來教導培育此人心，則從人人之易知易能者開始，而向於天道與人性之難窮難盡處趨赴。而卽在於各人之易知易能處，可以使各人獲得其當下各自圓滿之歸宿。

孔子思想，幾可說全部盡在論語一書中。論語共分二十篇，三百六十章。論其總字數，不出一萬六千四百多字。然兩千年來，中國學人對此書之解釋發揮，其散見者不論，其成爲專書者，不下四五百部。其中惟南宋理學大儒朱熹之注，最得論語之精義。元明清三代以來歷七百年，朱注論語，乃爲中國識字讀書人一部人人必讀書。然此七百年來，遇朱注有小錯失，加以糾正，亦復不少。本書作者，在七年前曾爲論語新解一書，盡量保存朱注所得之精義，其小節錯失經後人糾正者，亦盡量收入。將論語全書，逐篇逐章逐句逐字，一一加以注釋發揮，然亦不超出三十萬字。自謂以現代人觀念，現代人文字，闡釋論語，此書用力，較勤較備。若使現世界各民族，各文化傳統，各以其所用文字，根據作者此書傳譯，庶於論語本義錯失可少。孔子道大，自可就各文化傳統中，各本其自己所有宗教哲學種種異見，而各自斟酌采擇，以求會合融通。庶乎使錯綜複雜，衝突多歧之現代文化，漸次獲得一共同之趨向，與夫一共同之道路，而相與以有成。要之，孔子思想，本於人心，達於大同。始乎人文，通乎天地。其親切、平實、簡易、單純之教育宗旨與其教育方法，必將爲世界文化奠其基礎，導其新生，此則本文作者之所馨香禱祝以期也。

民國六十年爲孔孟學會作

一五　孔子與世界文化新生

文化是人生的綜合體，因此要對某一文化加以分析批評，必先注意到那一個文化中所包括人生之各方面。又必注意到此各方面人生之如何配合，協調，而始形成爲此一文化之整體。研究文化，與研究自然科學不同。文化學之本身，無論如何，總脫不了含有某種價值觀念。因此從文化學立場看人生之各方面，應有一種高低輕重的分別。大概言之，任何一種文化人生，必然由三個階層所凝合。最低的，即最先的，亦是最基本的，第一個文化階層，是屬於物質經濟方面的。沒有物質生活，沒有經濟條件，根本無所謂人生，亦無所謂文化。由此發展到第二階層，則爲政治法律，社會禮俗，羣體集合之種種規定與習慣。文化是集體的，沒有這一階層，也同樣無文化可言。循此再發展，乃有最高的，亦即最後的，最終極的第三階層。此一階層，包括宗教、哲學、文學、藝術等項，屬於純精神部門。我們可以說，文化是物質的，集體的，精神的，三部門之融合體。

以上所舉，卻恰恰沒有提到自然科學。照現代人觀念，似乎自然科學，應該是人類文化中最主要的一項目。但仔細分析，自然科學，就其實際應用方面，影響及於物質經濟人生者，早已列入第一階層。依照文化價值言，此一階層，消極作用大，積極作用小。換言之，卽缺乏的影響大過於富裕。借用經濟學上一術語，也可說它有一種報酬漸減的趨嚮。你在電燈光下禱告，或思想、寫作、歌唱，並不比在油燈底下更有效、更靈敏、更深刻或更精妙。質言之，物質生活提高，精神內心生活並不一定相隨提高。有時，轉因物質經濟生活太複雜，太滯重了，反而把人類內心精神生活的境界和造詣降低、冲淡了。這兩百年來自然科學之突飛猛晉，轉使人類對於宗教哲學文學藝術方面種種啓悟，種種成績，反而損色了，便是眼前一個極顯著的例。就文化第二階層言，自然科學之貢獻，爲奴不爲主，只是一種工具，不是一種目的。共產主義和資本主義，同樣要運用自然科學。侵略的和和平的，也同樣要運用自然科學。再就文化第三階層言，自然科學的智識，必已變質成爲一種宗教，或哲學，乃始對於人類文化有深刻切實的影響。哥白尼的天文學，達爾文的生物學，以及十九世紀盛極一時的唯物論，都是在宗教上哲學上形成了問題，而始影響及於文化之內層的。

近代人觀念，都以爲自然科學是在追尋宇宙客觀的眞理。此一觀點，實亦大可商。

在相對論所謂四度空間的另一坐標系之下，由飛翔的鳥羣和潛泳的魚類來看歐幾里德幾何學，並不見得它是客觀的眞理。在蟻羣或蜂羣中也出現一個達爾文，必將有另一系統的生物進化論。可見自然科學在整個人類文化價值中衡量，徹頭徹尾是工具性的，它既不曾替人類發現了超人類以外的宇宙客觀眞理，自更未曾替人類發現了人類文化內部本身的眞理。它只在人類文化演進中，作一項有力的工具。近代人太過看重了自然科學的地位和價值，這是近代文化一弱點，一病徵。這一層言之甚長，此處只稍引其緒，未能細剖。

我們要衡量一種文化，而批評其利病得失之所在，必要在上文所述的文化三階層中，求得其核心或領導勢力之所在。西洋中古時期，我們可稱之爲基督教的文化。在那時，不僅哲學文學藝術種種精神生活方面，全爲宗教所支配，全以基督教爲核心，而接受其領導。卽政治法律，社會禮俗，第二階層的一切，也都在基督教領導下，遵循其節制，追隨其嚮往。而第一階層物質經濟生活，則顯然處在一種不重要的地位。只求消極性的滿足程度之遞減，不求積極性的享受程度之遞進。這一種文化，不是沒有弊病的。富人入天國，如橐駝穿針孔，它明對物質生活極端輕視。上帝的事由上帝管，愷撒的事由愷撒管，它又把政治事業推之門外。把它所蔑視而拒絕的，來由它支配，讓它領導，這弊病已夠大了。而且人類的精神生活，本由其物質的集體的生活中孕育而長成，精神生活只該由物質生活集體生活再提高，但它還是人生中一境界。而基督教的終極理想，則要超越人生，因此不免要蔑視人生，隔絕人生。則宗教之終極目的，無異要超越文化。把超越文化的理想，來領導文化，自然要在文化本身內部發生嚴重的弊害。

自十四世紀文藝復興運動之後，現代的西洋文化，漸漸游離了宗教的核心，擺脫了宗教的領導，而產生一個新的核心，新的領導勢力，這便是個人主義。此所謂個人主義，乃指一切以個人爲基點，以個人爲中心的一種主義。法國大革命，揭櫫自由平等博愛三口號。此三句口號，仍以個人主義爲背景。民主政治即在此三句口號上建立演進。少數服從多數，重量不重質，把數字來代替了眞理。但數字是一種純形式的，空洞的，無內容的。三塊瓦礫，也可說多過了兩粒珍珠。民主政治只問三與二的多少，不問瓦礫與珍珠的貴賤。數字多是珍珠，數字少是瓦礫。這一理論，若非追尋到個人主義的最後根據，是說不出它精要的意義的。然而個人主義，若非另有一更高的領導，則仍還是空洞的。個人渺小而短促的生命，在此長宙大宇中，在此廣大深博的文化機構中，究該如何呢？自由也該有一領導，否則天空地闊，你使用你的自由，究竟向往那一條路而前進呢？近代西洋文化，正爲在個人主義之上沒有一個更高的領導（原來是宗教），於是文化核心，漸漸從第二階層墮落到第三階層，從個人主義墮落到物質主義，於是在民主自由的政治中，醞釀出一個資本主義的社會。最先的資本主義，也還以個人主義爲核心。此即一種個人意志的無限向前的自由之滿足。但漸漸再轉移，個人主義卻把資本主義作核心了。此即說，個人自由的無限興趣，大部分都集中在物質與經濟生活方面了。於是最近代的西洋文化，遂墮退到以第一階層爲核心，爲領導，一切文化中心的前進意義，全集中在物質生活上，全偏傾在經濟問題上，於是唯物史觀共產主義，遂應運而起。

個人自由是一種哲學，唯物史觀與共產主義，也是一種哲學。這一種哲學，博得多數人信仰，便成爲一種宗教。現代人常譏諷共產主義是一種變相的宗教，試問法國大革命前後的個人自由與民主政治，何嘗不成爲當時一種變相的宗教呢？若由此論之，則似人類文化之核心與領導力量，始終在第三階層，並不在第一第二階層了，這亦是人類文化經過相當時期之演進以後所應有的現象。但我們對此解釋，仍得作進一步分析。如上文所指，個人主義是空洞的，自由主義也是空洞的，最多不過是在第二階層中，對政治問題上的一種要求或理論。這一種要求與理論，反映到第三階層去，形成了一種過分重視個人自由的哲學。外形是第三階層在領導第二階層，實際是第二階層在領導第三階層。換言之，那種個人自由的哲學，只是一種政治哲學，而非一種超政治的哲學，因此也非一種指導全部人生終極理想的哲學。近代西方哲學，若眞以個人自由爲核心，爲領導，它便沒有能超出第二階層。唯物史觀與共產主義，也可說是一種哲學，但它只是一種偏重在物質生活經濟問題上的哲學。它是以第一階層爲立場，而反映出的哲學，更說不上是一種指導全部人生終極理想的哲學。因此，最近代西洋文化的展演，有一部分人，寧願犧牲民主政治，來完成他們共產主義的理想，這只是由個人經濟主義個人資本主義的中心，轉移到集體的經濟主義資本主義的中心而已。在民主政治的初期，所逐漸發展出來的資本主義，此卽通常所謂資本主義，其實只是個人主義的一面相。而由唯物史觀的理論所支持的共產主義，實際卻是眞正道地的資本主義，卽是抹殺個人主義，而純粹在物質經濟上作數字計較的一種主義，而用人類之全體來完成之。這一種主義，卻始終沒有超出文化的第一階層。這一種主義，依然重量不重質。八小時的出汗出力，較之三小時的深思奧念，在數字上是八小時勝過了三小時。勞動神聖，便專把時間數字來計算。全部的政治，全部的人生，便專把物質生產來衡量。

若照人類文化演進之眞的價値觀點，則必須由第一階層超越到第二階層，仍須由第二階層超越到第三階層。人類文化之理想的核心與其領導力量，必須在第三階層中產生。第三階層，雖說是超越了第一第二階層，但仍必包含有第一第二階層之存在。基督教的弊病，在其超越而不包含，在其排拒蔑棄了第一第二階層，而僅求完成其第三階層之終極嚮往，成爲一種逃俗出世而達到天國的純精神的違背人生現實的嚮往。理想的精神生活，固應超越物質生活，但仍必包含有物質生活。理想的民主政治，固應超越個人主義，但仍必包含有個人主義。只是在此基礎上更高一層。而最近代的唯物史觀與共產主義，則既抹殺了個人自由，又抹殺了精神生活，只在純物質的觀點上重量不重質。這一種文化病，卻可從近代人偏重自然科學一觀念中演變出。我們若找不出它病根所在，是無法加以消除的。

現在我們希望世界有一文化新生，第一必希望有一具有世界性的哲學或宗教，來作核心的領導。在人類文化演進過程中，從來沒有一項全新的事物，突然出現過。因此，此項新哲學或新宗教之產生，必然仍將在舊文化中有它深厚的淵源。基督教和佛教，在先也曾具備過此種資格，但它們同樣因爲過猛用力，要求超越第一第二文化階層，而連累它在第三階層中站不穩。它們同樣的對於人類文化之整體表現了一種消極而反抗的姿態。回教則因它的創教主同時即是政治領袖，容易使它陷落到第二階層中，而失卻其超越的領導功能。只有中國儒家，它本身不是一個出世的宗教，孔子自身也不是一個領導出世的教主。孔子的教義，雖已超越了第一第二階層，但站穩在第三階層中，一面並沒有像一般宗教般對文化整體之消極性與反抗性，他的教義中，顯然對第一第二階層的文化生活，盡量保留它們在文化整體中所應有之地位，但亦要求它們必須接受一種超越它們的在文化第三階層中的精神核心之更高領導，這是我們在希望世界文化新生中很值得提出注意的一件事。

我們要希望有個具有世界性的領導的眞理與信仰，第一，我們必先希望它能超越個人的現實生活，即第一階層中物質經濟生活之束縛。第二，我們再須希望它能超越羣體的現實生活，即第二階層中政治法律社會禮俗生活之束縛。第三，則須希望它能仍在人類文化立場上，回頭來領導它所已經超越的羣體的政治性、個人的經濟性的生活之各方面，好讓它們集湊在更高的一個核心，而接受其領導，俾使文化各階層，得一相互間的融和，而凝成爲完好的一整體。換言之，這一個核心領導，必然是入世的，而非出世的。這一種精神，必然是超越的，而仍然是包含的。這一個眞理和信仰，必然是客觀的，而同時仍屬於人類自身的。基督教回教，建築它們的眞理與信仰在超越人類以外之上帝，而提供了一套很具體的想像，這已與近代自然科學之發現相衝突。佛教則卽就人類文化本身內部，來拆卸破壞其組織與機構。它雖並沒有信仰一個超越人類而外在之上帝，但佛教之終極向往，仍是人類文化之取消，是虛無的涅槃境界，而非人類文化之繼續成長與發皇。若論自然科學，則僅能爲人類文化成長發皇途中一項重要的工具，它本身並不能領導人類文化走上一特定的積極的趨向。自然科學所發現的眞理，對人類文化依然是一種超越而不包含。二加二等於四，也可說它乃超越了人類文化而存在，但也可說它並不包含人類各種文化之實際的存在而存在。因此有人說，縱使沒有人類存在的區域，二加二仍然等於四。其實二加二等於四，正由人類文化所發明，只因它並不是人類文化本身內在之眞理，而只供人類文化在其前進途中之一種方便與運用。人類文化之本身，則只是人類本身一種實際生活，此種生活之所以稱爲文化，乃在其超越了各個人各集體在各地域各時期之實際生活，而有它客觀的存在。我們必將對此客觀存在，具備一種價值的卽眞理的認識與崇敬心情，而產生出在上文所舉的文化第三階層中的一種精神意識來。由於此種精神意識，纔始有對人類文化理想之終極目標的向往。非此，則人類文化終不得一個圓滿向前的發展。民初新文化運動以來的中國人，常認近代西洋文化只是民主政治與科學精神，這是一種淺見。民主政治以多數爲眞理，並不能超越文化第二階層集體的要求。科學精神所注重的重心，在人類以外之自然界，不在人類生活之本身，它至多是站在人類立場發現了自然界一些可供人類運用的眞理，並非即是人類生活自身內部在其演進上達的過程中所必需具備的眞理。像基督教之博愛，佛教之慈悲，孔子教義中之仁，此乃人類生活自身內部在其演進上達的過程中所必需具備的眞理之最易指出的具體實例，但在自然科學中將遍尋不獲。只有在注意到人類生活在其自身的演進上達的過程中，纔始可能獲得此項眞理之認識，此卽歷史文化學之貢獻。歷史文化學之最高發展，應該超越了各個人各集體各地域各時期，而仍包含此各個人各集體各地域各時期的種種生活之實際存在。此項認識，是超越的，同時又是包含的，這是各一種人類文化的認識。只有中國儒家精神，孔子教義，始終緊握住這一點。

最眞實的人生，還是在一切地域、一切時期、一切羣體中的各個人的人生。抹殺個人，將無羣體。然而人永遠還是人，在一切地一切時一切羣中的一切個人，均有它的相似點，此種相似點卽所謂人性。在人性中有幾項爲人類文化演進上達的主要原素而不可或缺的，此卽人性中之文化眞理。中國儒家謂之道，卽上文所指基督教之愛，佛教之慈，孔子教義之仁，此乃人類文化中具有眞實內容的客觀眞理。自由是空洞的，並不具有任何內容。照孔子教義說，仁愛慈悲，乃人性中所自有。因此，放任人類自由，可以自然走上這條路。但人性中並非只有此慈悲一項天性，因此放任人類自由，也可違離這條路。必須在人類文化演進上達中，客觀的指示出人類這一天性，而加以培養與教育。基督教則把這一天性認為不屬於人類自身，而轉以屬之於上帝。佛教則並不以此一天性為人類文化演進上達之一項主要原素，卻認此為達到它理想的涅槃境界之一項方便法門。

近代西洋文化，一面高抬個人自由，一面提倡自然科學，但另一面又不能放棄基督教的博愛教義，而在此三項中，並不能提出一個會通合一之所在。這卽表現了近代西洋文化之缺陷。於是宗教與科學，演成分道揚鑣，齊頭並進的形勢，其相互間種種衝突，種種矛盾，難於協調，難於融和，這是近代西洋文化內心一大苦痛。自最近西洋文化中另一新支共產主義出現，走向極端，把集體階級鬭爭，來奉為人類文化演進上達唯一主要的因素，把仇恨代替愛，把馬克思代替耶穌，而自然科學則一樣俯首聽命，供其運用。雖西方人亦有明知抹殺個性、抹殺仁愛，以仇恨與鬭爭為核心領導，對人類文化前途是一條危險的死路，但他們目下所現有的那種以耶教博愛個人自由與科學精神所形成的鼎足三分的舊文化，卻實感有招架無力之弱勢。於是只有依賴原子彈，以殺勝殺，或是依賴物質經濟之借貸與賄賂，希能收買信仰，換取思想，這是近代西洋文化內心的更大苦痛。

至於孔子教義，不僅不放棄人性中的仁愛，而且也並不曾否認人心中有仇恨；乃至人性中所有一切動向，在孔子教義中，均不想施以藐視與鄙棄，只求在人性中指點出仁愛一項來，特別加以培養與教育，作爲人生之核心領導。只求其他人性動向，在此核心領導下，得到融和協調的發皇。這一種發皇，既無背於基督教的博愛精神，也無背於近代西洋的民主政治與個人自由，自然科學也一樣可以聽他的支配與運用。至於這一種超越性的人類文化展演途中所必具的客觀內在眞理，又如何來把握與認取呢？此在孔子教義中，有一極眞切極簡易的方法。一切地、一切時、一切羣中的一切個人，只要能反就己身，認識自性，把來與歷史文化的客觀存在相印證，相對照，即可相悅而解，莫逆於心。因此，孔子教義中的客觀眞理，並不抹殺個人，也不抹殺自然。這一種超越性的文化眞理，其自身即建基在自然的人性上。你既把握到這一眞理而眞切認識之，你將自見其超越，你將自然有一種崇敬的心情，油然而生，你自將寧願犧牲小我個人，來嚮往此一眞理而奔赴，自將寧肯犧牲小我個人，來求這一眞理之實現與完成。孔子教義中這一精神，實是道地十足，不折不扣的宗教精神。因此，在孔子教義所形成的中國文化裏，可以不需別一宗教，也可以容納任何一宗教，只在不蔑棄不排拒第一第二階層中的人生條件下，而容納各種宗教之共同精神，即是一種犧牲救世的精神，即是發源人類於天性中的一種仁愛慈悲的精神。

在孔子教義領導下所形成的中國文化，自然也不免有許多可能有的缺陷，因此也不免有墮退與逆轉的時期，這是任何一類型的人類文化所不可避免的本身內含的弱點。正因有此弱點，纔有待於一切時地一切人羣中之一切個人之不斷的努力。近代中國，則正當本身文化走上了一個墮退逆轉的途程中，在它與近代西洋文化相接觸時，尤其相形見絀的，則在中國文化沒有像近代西洋那種爲人類文化最有效用的工具，卽自然科學之發明。然而這決非文化本身內部的致命傷。近代的中國人，誤認爲非徹底破壞自有文化傳統，將難接受到自然科學。於是破壞了身體來改穿衣服，破壞了胃腸來改進飲食。然而中國民族，是世界現存人類中最能保留歷史，尊重歷史，來從歷史中求取文化客觀眞理的一民族。中國文化，是最能注意到把文化三階層來調和統一，由超越一二階層而同時包含一二階層的第三階層的精神生活，來作全體核心領導的一文化。中國文化之被誤解，被忽視，必將成爲期求當前世界文化新生的一個大損害。若本文上述文化理論，有它不可破滅的見到處，則孔子教義，仍將爲後起的世界文化新生運動中，求在人類歷史本身內部覓取文化眞理者唯一最可寶貴的教義。中國文化與孔子教義，決然將對此大業有很重大很可寶貴的啓示與貢獻。因此特在二千五百零一年的孔子誕辰，撰述斯篇，以待中國及並世有心此文化新生大業者，作爲一參考。

民國四十年十月爲香港民主評論作

一六　民族自信心與尊孔

任何一民族之形成與發展，必有與其他民族間少許相異不同之特殊性之存在。此種特殊性，可稱之謂民族個性，或徑稱民族性。

若無此項民族性存在，即不能有民族之形成與發展。

此項民族性，乃由於外面天地大自然之影響，以及人類自身之歷史積累，與夫文化創進，多方配合，長期陶鑄而完成。

因此，歷史文化民族，乃屬三位一體。無此民族，即無此民族之歷史與文化。無此民族之歷史與文化，亦即無此民族之存在。

中國民族，有其可大可久之顯著特性。

中國民族，擁有長時期五千年一線相承傳遞不絕之歷史演進與文化體系，現存全世界其他民族，無一可與相比擬。此爲中國民族有其可久特性一明徵。

中國民族，擁有廣大人口達於七億之多，占全世界總人口五之一。其他民族，亦絕難相匹。此爲中國民族有其可大特性一明徵。

何以中國民族能有此可大可久之兩特性，此因中國人中之大多數，經於教育修養，風俗薰染，使其各以可大可久爲其人生之理想與趨嚮之目標。由於各個人之人生理想與其趨嚮目標又推而及於家庭組織、社會經濟、政治制度、各項羣體結構，亦無不同向此理想與目標而前進。

狹小的期圖，短暫之攫取，永懸爲歷史炯戒，文化明訓，相率鄙棄而不顧。

此項民族特性之呈現，亦可以和平中正四字說之。

中則不偏，正則不邪，惟其不偏不邪，故能和平相處。小己之完成，卽爲大羣之完成，而大羣之完成，亦卽是小己之完成。

中國民族此項理想，尤以儒家教義爲中心。而中國儒家，則共奉孔子爲宗極。

孔子生在中國民族長期歷史文化演進之中期，上面集前古之大成，下面開後代之新統。後人尊之曰至聖先師。至聖指其爲中國民族理想人生之最高標準，先師指其爲中國民族教育方針之最先啓導。

亦可說，中國民族長時期歷史文化，乃融攝凝合於孔子之一身。古往今來，中國人之共同理想，內心嚮往，乃集中於孔子一身而人格化了。孔子乃爲中國人具體的，同時亦是理想的代表。

孔子人格，亦惟可以可大可久四字盡之。

孔子身後，戰國時代，異說蠭起，百家爭鳴。有尊孔，有反孔。然而反孔的各派思想，終於不可大，不可久。迄於兩漢，孔子遂定於一尊。

魏晉南北朝迄於隋唐，尊孔之風稍熸，道釋儒三家鼎峙。孔子與老聃釋迦並尊，但宋以下，孔子仍居獨尊之地位。

最近民國成立六十年來，西化日亟，孔子地位又趨動搖。反孔呼聲，紛興迭起，不啻成爲近六十年學術思想界一新風氣。

與此互爲表裏之一端，卽爲民族自信心之墮落與消亡。

傳自西方之新觀念新名詞，層出不窮，憑爲依據，來批評解釋中國的一切舊事物。最普遍流行，亦最値注意的，乃在歷史方面。

雙方民族不同，斯卽雙方的歷史路線與文化體系亦可隨而不同。此一觀念，似爲近六十年來國人所逐步遺棄。

西方一些觀念和名詞，乃根據他們的歷史事實而發生。但我們似不認爲雙方歷史，可走不同路線。遇有雙方不同，則認爲他們是前進而現代化了，我們則是落後，尙在他們的中古時期。

卽如說：中國自秦以下兩千年，只是一部帝皇專制史。

在中國，秦以下，固是不斷有專制帝皇出現，但傳統的中國政治制度，則決非是一套帝皇專制的制度。

巨眼先矚，卓然不羣，則只有　孫中山先生一人。他采取了中國傳統政制裏的考試監察兩項，來創造他的五權憲法。若使中國傳統政體只是帝皇專制，則何來有此考試與監察之兩制度。

我曾獨稱中國傳統政府，自漢武帝表彰六經，尊重孔子思想以下，乃形成爲一士人政府，卽由社會讀書士人經選舉與考試來充當政府官吏，政府卽由此輩士人所組成。自漢迄清，此制不變。

我又稱中國傳統政府，自漢武以下，乃是一文治政府。所謂文治，乃指其以學術來領導政府，而代表學術者，則爲此輩尊孔之士人。

惟其如此，所以中國傳統政治，絕不走上帝國主義路線，亦絕不走上資本主義路線。此爲中國民族歷史文化與西方絕不相同一要端，亦爲中國民族歷史文化可久可大一要端。

專制政治一名詞之外，又有封建社會一名詞，同樣廣泛流行。

在中國歷史上，秦以前爲封建政治。此與西方歷史中古時期的封建社會絕不同。我們把自己歷史裏屬於政治制度上之封建一名詞，來繙譯西方歷史中古時期的一種社會形態而亦稱之曰封建。名詞混淆，遂使觀念錯亂，引生出種種流病。

中國古人只說封建制度，並不曾說封建社會。若稱封建社會，試問此社會，究由誰封誰建。可知封建社會一名詞，根本不成立。

我又獨稱中國社會爲四民社會，卽士農工商之四民。而士爲四民之首，因此有士人政府之建立。中國歷史中之士，乃屬於社會之中層，向上由他們來組成政府，向下由他們來領導民眾。在我們自己的歷史裏面，社會與政府，本是上下一貫，血脈相通的一活體。現在我們好用西方名詞，在上是帝皇專制，在下又是封建社會。試問，既有帝皇專制在上，又如何允許封建社會存在在下。在西方歷史上，先有封建社會，後有專制政治。專制政治出現，封建社會卽消滅，並不能同時並存。如何中國能使專制政府與封建社會上下並存，卻不見人加以說明。

馬克思的唯物史觀，乃由奴隸社會封建社會資本主義社會遞升到共產主義的社會。他本根據西方歷史來分析、推論。我們既也認中國是一封建社會，於是此下是否應該推進到資本主義的社會去，抑或跳躍一級，直接走上共產社會的路，這一問題，實只是一個不切實際的空問題，但已爲最近大陸共產政權作濫牀。

孫中山先生在此，又是遠識深慮，有他一套特出的見解。他的民生主義，主張節制資本，這是中國歷史上一條老路。　中山先生根據文化國情不主張追隨西方資本主義路線，又斥共產主義爲病理的，乃求超出現代西方資本主義共產主義相互對壘之社會兩形態，而別有其本源於自己民族歷史文化傳統，自本自根而建立起一套此下中國社會之新理想。

惜乎　孫先生此項理想，並不爲現代國人所瞭解。其所手創的三民主義，仍必在西方政治思想中，比附之於美國林肯總統民有民治民享之三語，始易爲國人接受。但其間意義實有絕大不同。民生主義，既與民享一語涵義有別，民權主義主張權在民眾能在政府，亦與民治一語涵義相差。而民族主義則更不與民有一語之涵義相類似。

孫先生的三民主義，必以民族主義爲首，必以自己民族的歷史文化爲背景、爲基礎。必從自己民族之傳統個性爲本源，而發揮出自己民族建國興國從來所有的那一番精神命脈，乃始爲可久而可大。決非狹小計較，短暫應付，向外剽竊，有人無我的空乏心理，所能勝任而愉快。

不幸而現代國人之民族自信心，已墮落到崩潰邊緣，故使　孫先生終於感發知難行易之慨歎語。當知　中山先生此語固是一番哲學，亦是一項現實。

不先自知，何能自信。

而中國民族之歷史文化，悠久博大，欲求自知，亦非易事。在民初即有新文化運動，有人主張民族自譴，要坦白承認中國事事不如人。若有人指出中國民族亦有長處，亦有許多存在價值，不當事事模倣鈔襲，舍我從人，卽會被認爲頑固守舊。

但中國人有一最足自傲處，卽是在中國人中產生了一孔子，而孔子在此下中國的歷史文化上又有莫大之影響力。此刻要對中國民族文化深自譴責，其第一目標，自然會落在孔子身上。

因此，在當時，早有打倒孔家店，禮教喫人，非孝等種種言論出現。

現代中國，既是一力追求西化，自己舊的都該丟，則孔子自當受譴責、自當受反抗。中國共產化，亦卽是中國力求西化中的一條路線。

馬克思的唯物史觀，不認有歷史的個別性，只認有歷史的共同性。不認有民族存在，只認有階級存在。不認歷史之發動力在人，只認歷史之發動力在物。

最近大陸反孔運動又起，乃把孔子說成爲一個頑固地維護奴隸制的思想家。馬克思既認在封建社會之前乃是一奴隸社會，他們自必要在中國歷史上找出一奴隸社會來。而史文無徵，屢變其說，最近乃認爲當春秋中期，奴隸制度搖搖欲墜，那時是新興的地主階級封建勢力和沒落的奴隸主貴族的鬪爭，而孔子則站在奴隸主那一邊。實際仍只是六十年來把外來新觀念新名詞，裝進中國歷史作解釋，作批評的那一套。只是在外來的觀念名詞中，專奉馬克思一家爲宗主。而孔子則又從封建社會之代言人再貶落到爲奴隸社會之代言人。

意義價值，又益降低，如此而已。

以上是說的近六十年來在國人中所流行的歷史觀，再進而言在近六十年來在國人中所流行的人生觀。

個人自由一名詞，已逐步成爲近六十年來，國人最所崇奉的一條金科玉律。誰也不敢有疑義。

在上是兩千年的專制政治，在下是兩千年的封建社會。在此兩千年中的中國人所最缺乏的便是個人自由。

在社會上感有不適，便說是兩千年專制遺毒。在家庭中感有不適，便說是兩千年封建餘孽。

於是中國一應舊傳統，幾乎成爲全個人自由一大障礙。

仍只有　中山先生獨抒讜論，他說中國社會，不是自由少了些，乃是自由多了些。但此語亦不爲國人所深識。大家只認　中山先生是一政治人物，若論學術眞理，思想大道，還該依着西方道路走。

在西方，馬克思的階級鬪爭，乃是個人自由一大反動，資本主義不改進，階級鬪爭終難消滅。

今天的我們，則仍是站在西方自由一面來反共，並不是站在民族個性，歷史趨嚮，文化傳統，自本自根，從民族歷史文化之內心深處來反共。

今再問，反共復國之大業完成以後，中國是否再應加強西化，抑或從此改弦易轍，來開創出一條民族復興文化復興的歷史新道路。而此一歷史新道路，是否仍將從民族歷史文化傳統的舊根脈中來，抑或必當改從接上西方歷史的根脈來。此是當前一大問題，此是當前中國民族存亡文化絕續一大問題，應值我們在心理上先有一準備。

此是當前國人一意志問題，亦是當前國人一知識問題。

中國民族，究是怎樣一民族。中國已往歷史，究是怎樣的一部歷史，中國已往文化，又究是怎樣的一種文化。提出此一問題，不免使國人會視若陌生，而且會多滋懷疑。

其實當前我們，在物質上西化尚淺，在心理上西化已深。

大家喜新厭舊。中國只像是代表了舊的一面，不僅孔子已舊，　中山先生也已舊。

舊的都該丟，只要能脫胎換骨，連我自己也該丟。此是六十年來的思想潮流。

今天我們，敢於反對五千年來之舊傳統，但不肯反對此六十年來之新潮流。

今若要鼓舞我們來從事對中國民族歷史文化的本質和價值從頭作研究，此是一項艱辛工作，不先恢復我們的民族自信心，將無從說起。

但眞肯從頭作研究，其事也不難。

孔子是中國人具體一縮影，懂得了孔子，自會懂得中國人，以及中國民族，中國歷史和中國文化。

且從頭讀一部論語，也自會懂得孔子。

但亦待懂得了中國人，中國民族，中國歷史和文化，乃始能眞懂得孔子。斷不是從一些外來的新名詞新觀念中可懂得孔子。

此刻，大陸共產政權在反孔，我們這裏在尊孔。但他們反孔，卻是切切實實地在反。我們尊孔，也須切切實實地去尊。

從事政治工作的人，應該切切實實地來研究　孫先生的三民主義，主要應從中國民族歷史文化中去求瞭解，求發揮。

從事學術工作的人，應該切切實實地來研究孔子，更應從中國民族歷史文化中去求瞭解，求發揮。

我們須待有了眞知識，纔能有眞信念。

我們要信　孫先生，要信孔子，必須對　孫先生與孔子有知識。

其實信　孫先生，信孔子，也只是信我們自己中國人，信此五千年來創造中國歷史文化的中國人，這卽是中國民族。

若使對中國民族無信念，對當前的中國人無信念，卽對孔子　孫中山，自會無信念。

孔子與　孫先生他們都已成過去，不再能感受西化。西方在向前，我們只有追隨着西方也向前。則一應過時代的中國人，惟有擱置一邊，不再理會。所以如此意態而來尊孔，也只是虛有其名，說不上眞尊孔。所以要眞尊孔，惟有先恢復民族自信心。但眞尊孔，也爲恢復民族自信心的主要一條件。

民國六十二年十二月爲國民大會憲政研討委員會講

一七　孔子之史學與心學

春秋時代，乃一禮文繁縟之時代，又爲一政治社會種種人事方面將次崩潰轉變之時代。故其時人心激動，而有種種之新思想與新觀點。此數者交織互染，乃有下一時代新學術之產生。其時則有無數術士，環繞於貴族階級之四圍而爲之執行其種種繁縟之禮文。此所謂術士者，易以今語譯之，當稱藝士或藝人，蓋指其擅種種之專藝。此種專藝，約言之，可分禮樂射御書數六類。習書數不必能射御，執射御亦不必通禮樂。其能通習六藝者則尤爲上選。彼輩皆憑此六藝以獻身於貴族卿大夫而參加其集團，此在當時則稱爲儒。許氏說文：儒術士之稱，是證也。孔子亦當日一術士，卽通習六藝之儒者。孔子亦因此而進身於貴族，而爲之服務。其先嘗爲魯之委積吏，主管倉穀出入。後又爲乘田吏，主畜字牛羊。其後乃益明習於當時貴族階級之種種禮文。然孔子不僅習其禮，抑又進而究其禮之意，乃覺當時所謂禮者實多非禮。論語：

子入太廟，每事問，或曰，孰謂鄹人之子知禮乎？子聞之，曰：是禮也？

此事蓋在孔子青年，乃十足表現出孔子對當時貴族階級許多非禮之禮之一種反抗精神。大抵當時魯太廟中種種禮樂均屬非禮，故孔子僞爲不知而問以示諷刺，或者乃笑孔子，誤以爲其眞不知禮，故孔子曰：「這些就算禮了嗎？」以此爲反詰。今試設一簡譬。如一遊人入外蒙古，對其政府禮堂懸列寧像片，因問此何人之像，當知問者並非不知此係列寧之像，乃不知此處緣何懸掛此像，故疑以設問耳。此種態度，春秋名卿大夫間亦早有先例。如左文四年。

衞寧武子來聘，公與之宴，爲賦湛露及彤弓，不辭，又不答賦。使行人私焉。對曰：臣以爲肄業及之也。昔諸侯朝正於王，王宴樂之，於是乎賦湛露，則天子當陽，諸侯用命也。諸侯敵王所愾而獻其功，王於是乎賜之彤弓一，彤矢百，玈弓矢千，以覺報宴。今陪臣來繼舊好，君辱貺之，其敢干大禮以自取戾。

孔子嘗稱寧武子其知可及，其愚不可及，此處正是寧武子大知若愚一絕妙好例。孔子初入魯太廟神情，卽模擬寧武子意態而變化用之也。特在寧武子當時，不過是貴族階級內部自身對於外交禮文上之一種講究與機警，一到孔子身上，卻變成一個藝士正式起來批評和反對當時貴族階級之種種現行禮法。這是時代變動下絕然不可相提並論的兩件事。

孔子正式的批評和反對當時貴族階級種種現行禮法者，在論語裏屢屢見到，如：

孔子謂季氏，八佾舞於庭，是可忍也，孰不可忍也。

又：

三家者以雍徹，子曰：相維辟公，天子穆穆，奚取於三家之堂。

這些都是正面公開的批評。當時的貴族禮，實際便即是當時的政治，因此孔子對於禮的批評實際即是孔子當時對於政治的批評。他說：

天下有道，則禮樂征伐自天子出。天下無道，則禮樂征伐自諸侯出。自諸侯出，蓋十世希不失矣。自大夫出，五世希不失矣。陪臣執國命，三世希不失矣。天下有道，則政不在大夫。天子有道，則庶人不議。

這裏孔子以一藝士身分而反對政出大夫之非禮。但藝士議政，本身亦是一非禮。故孔子說：天下有道則政不在大夫，天下有道則庶人不議。孔子之議禮，同時卽是其議政。故：

齊景公問政於孔子，孔子對曰：君君臣臣父父子子。

這裏孔子把政治問題歸重到禮上，但同時又把禮的問題歸重到日常人生上。君君臣臣父父子子是禮的問題，同時亦是政的問題，但同時又卽是人生日常問題。所謂倫常問題是也。於是孔子遂由他的政治論轉入到人生論。

孔子反對批評當時貴族階級一切現行禮之根據則在歷史。由孔子明習禮文，對於當時一切現行禮之歷史本源與其掌故沿革皆探索明瞭。故曰：

殷因於夏禮，所損益可知也。周因於殷禮，所損益可知也。其有繼周者，雖百世可知也。

又曰：

周監於二代，郁郁乎文哉，吾從周。

又曰：

文王旣沒，文不在茲乎。天之將喪斯文也，後死者不得與於斯文也。天之未喪斯文也，匡人其如予何。

又曰：

甚矣我衰也，久矣我不復夢見周公。

在古代之所謂禮，本卽是全部規定了的貴族生活，亦卽包括了古代全部的政治。在孔子心中，則禮的範圍更大了，不僅包括了政治與貴族生活，亦復包括了全部人生。孔子在歷史演變中研窮了自古到今的種種禮，卽是研窮了自古到今的政治與人生。其夠標準合理想者，此在孔門則謂之道，道之具體表現則曰文。孔子認爲那種政治和人生之沿積，到他時代而窮了。故曰文王旣沒，文不在茲乎！此說只有他知道得這些。而他理想中最仰慕的人物則是周公，因周代禮樂起於文王，定於周公。他說：「如有用我者，其爲東周乎？」他要想來一新周道，把當時的政治和人生全部整頓刷新。當時人說孔子知禮，只以爲他熟習得許多現行禮，但孔子的眞學問，則在根據歷史，知道自古到今之沿革變遷，遂能跳出現代圈子，把自古到今的沿革變遷來批評現代，故曰：「我非生而知之者，好古敏以求之者也。」又曰：「述而不作，信而好古。」又曰「默而識之，學而不厭」。這些都是孔子之歷史學與掌故學。

孔子研窮史學，卻爲種種因革變遷的禮文找出一個本原，這就成爲是孔子的歷史哲學。孔子認爲一切禮的本原，不在外部，而在創禮與守禮者之內心。這是孔子之心學。孔子的心學，是孔子的歷史哲學之最後的結論。故曰：

禮云禮云，玉帛云乎哉，樂云樂云，鐘鼓云乎哉。

又說：

人而不仁，如禮何，人而不仁，如樂何？。

仁與禮是孔子常常提到的兩件事。禮是外面的節文，仁是禮之本原，卽指的人之心。此後孟子說：「仁人心也」此語便把仁字解釋完盡。當知仁只是人之心，但此心必在人與人相交接時始十分透露，故漢儒又把仁字另作解釋云：「仁相人偶也」。相人偶，便是指的人與人相交接。我們應把漢儒解釋來補充孟子的語義，則仁是一種社會心，乃人與人相偶處時之心。其實人生根本屬之社會，一言一思，儘若是他一己私事，但依然脫離不了社會關係。試問若無社會，若無歷史，則此人便根本不能有言，不能有思。換言之，即不能有其心，故孟子曰「仁人心也」，其實語義已圓足，因人字已包含社會性，已包含了相人偶。嚴格言之，世界上並無可以不相人偶之人，亦即不能有不相人偶之心。禮是一種相人偶的事，其本原由相人偶之心來。換言之，即禮從仁來也。

論語裏說到仁字處最多，但大體不離上述之根本義，仁只是人心。孔子只怕人對此心態不易把捉，遂又提出一孝字來。孝是子女與父母相人偶時之一種心態，此種心態，人人有之。人能識得孝心，自能推廣識得仁心。有子曰：「孝弟也者，其爲仁之本與」，便是此意。孝弟只是人在家庭對父母兄長相人偶時之一種心態，待其跨出家庭，進入社會，與其他一切人相人偶，則那時的心態並不是孝弟，而其爲一種仁心則一。在孔門又特拈忠恕二字說之，故曾子曰「夫子之道，忠恕而已矣。」忠恕孝弟全是仁，全是人與人相偶時之一種心態。若人心沒有孝弟，便不能有家庭。若人心沒有忠恕，便不能有社會，若人心沒有仁，便不能相人偶，不能有禮，換言之，即不能有種種人與人相處之道也。

由上述說，孔子思想便由史學轉入了心學。論語裏學字有涉史學者已舉例如上，今再舉其涉心學者。

哀公問弟子孰爲好學，孔子對曰：有顏回者好學，不遷怒，不貳過，不幸短命死矣。今也則亡，未聞好學者也。

遷怒如怒於甲者移之於乙，貳過如過於前者復於後，此皆非相人偶之道，此等學問自指心學，因其須在自己心上用工夫也。又：

顏淵季路侍，子曰：盍各言爾志。子路曰：願車馬衣裘與朋友共敝之而無憾。顏淵曰：願無伐善，無施勞。子路曰：願聞子之志。子曰：老者安之，朋友信之，少者懷之。

此條雖未明點出學字，但爲孔門師弟子志願所在，是卽孔門師弟子之爲學目標也。程子說此條云：「夫子安仁，顏淵不違仁，子路求仁。」，又曰：「子路顏淵孔子之志，皆與物共者也，但有小大之差爾」。此條程子皆以仁字說之，緣三人所志，卽其理想所欲到達者，均屬一種內心境界，均不從外面事物功利之占有或成就着眼，此種內心境界，又非專從小己之愉快安樂及欲望滿足等而言，乃均指人與人相處卽相人偶時之一種彼我融和無隔閡無分別之心態，此卽孔門之所謂仁也。當知人類正因有此心境，故能產生禮，故能產生道。此種心境，則爲一切禮與道之本原，故孔門師弟子皆有志於此，惟三人所懷想之境界則自有高下深淺之別耳。

故孔子一切學問，皆從此種心地建立基礎，而此種心地則爲人人所同有。故子曰：

十室之邑，必有忠信如丘者焉，不如丘之好學也。

可見孔門言學，必從忠信生根，忠信猶言孝弟，惟孝弟專指家庭子弟言，忠信則指社會每個獨立之個人言孟子要指點此種心地不煩教學而皆有，故舉孝弟言之，謂是人之良知良能。孔子此處，則重在指點人心之本質大體相似，故舉忠信言之。故人人之忠信本質，可以與聖人相近，而聖人之學問習得則乃始與人人相遠。故曰：「性相近，習相遠」，此處則已透露出孟子之性善論。

一八　中國近代儒學趨勢

儒家思想爲中國文化之骨幹，此義人人知之。蓋儒學本由中國文化而孕茁，自有儒學而中國文化亦遂發揚光昌而滋大。儒學原本孔子。然孔子曰：「我好古敏以求之」，又曰：「述而不作，信而好古。」孟子稱之曰：孔子之爲集大成。故雖謂儒學爲中國古文化之結晶可也。孔子歿，非儒反孔者四起，百家競鳴，皆欲與孔子爲代興，楊墨老莊其著也。當是時，儒學之爲世詬病，亦既甚矣。有孟子者出，曰：「乃我所願則學孔子」。又曰：「楊氏爲我，是無君也，墨氏兼愛，是無父也。無父無君，是禽獸也。能言距楊墨者，皆聖人之徒也。」繼孟子而起者有荀子，荀子之排擊諸子，較孟子而益厲。其著書有正論篇，有非十二子篇，雖子思孟子有不免。又曰子游氏之賤儒，子夏氏之賤儒，子張氏之賤儒，雖七十子之徒有不免焉。然獨尊仲尼無間言。夫孟荀皆一世之魁儒畸人也，其尊孔子如此。而後百家之氣燄以衰，儒術之尊嚴以定。故儒學之推行，亦非孔子一人之力所能主。在其當身，必將有七十子者扶翼之。及其後世，又必有如孟荀者呵護之，故雖謂儒學之推行，爲中國文化自有之演進，亦無不可也。

戰國紛爭之局既歇，而秦漢一統之盛運方啓。於斯時也，政治定於一尊，學術思想亦有調和融會以出於一之需。呂覽淮南王書皆出於此時，而莫能竟其功。求有以調和融會百家之異說，折衷而歸之一是者，蓋非推本於儒術，則莫克盡職焉。於是而秦皇漢武之間，乃有儒術之新化。今易傳戴記所載，蓋莫非是時之產物。上自荀卿，下迄董子，當時儒學之所以包羅吸納諸家之異說以自廣大而得達夫學術一尊之地位者，蓋不自於漢武之創置五經博士，而在野之著述，固已儼然有以踞其尊嚴而無愧矣。要而言之，如易繫中庸多釆道家，禮運孝經兼取墨義，春秋公羊三統之說，本諸陰陽家言，而又旁及刑名法術以爲褒貶。百家精旨，苟可調和融會於儒術者，秦漢諸儒無不兼養而並蓄之。故非孟荀之駁辨，無以見儒學之尊。非秦漢之和會，亦無以見儒術之大。秦漢諸儒之與孟荀，猶車兩輪，猶鳥兩翼，左之右之，而孔子之道乃得大行於後世。若謂後世有新儒學，則我必以秦皇漢武間之諸儒者首當其選矣。

大漢一統之緒，將斬未斬，而鄭玄之括囊大典，遂爲兩京儒學殿軍。魏晉以下，詆儒譏孔者，紛紛籍籍，又不知其幾何家。時則老聃之與瞿曇，遂與孔子割席分尊，若鼎足之三峙焉。論其風力之廣被，霑染之深入，視戰國百家猶多過之。雖隋唐盛世，而學術分野，終未合併。則儒術之衰，抑又甚矣。韓愈憤然自負以孟子之拒楊墨，而力有所弗勝。其友人李翺，則以和會說中庸。逮於宋世，儒術終起，然陽法韓愈之排擊，而陰師李翺之和會。蓋宋明七百年儒學，亦猶如秦皇漢武間諸儒，無慮皆調和融會於道釋之間。苟其爲說之可以兼養並蓄無害於我者，則無不蓄且養。故濂溪太極圖傳自方外，而程氏之門，無不流入於禪者。後人謂朱晦庵是一個道士，陸子靜是一個和尚，其語雖酷，亦非言無由。迄於陽明良知之傳，漸失其眞，而和會融通之風，益泛濫橫決而無可收拾。於是晚明諸儒起，始謀所以修藩籬而堅壁壘。如顧亭林王船山顏習齋諸人之所排詆，雖程朱有勿免，而陸王更無論。彼其正言厲色，亦猶夫孟荀之遺意也。故苟無程朱陸王之和會融通於前，將無以見儒術之大。苟無晚明諸老之剖析辨駁於後，亦將無以見儒學之尊。非尊無以立，非大無以行。自有孟荀之駁辨而來秦漢之和會，自有朱王之和會而來晚明之駁辨。雖一往一復之際，順逆有殊，而儒學之所以立，孔子之道之所由以大行，則胥此二者之左右之，如車之輪，如鳥之翼，固兩而不可一缺焉者也。

竊嘗論之，學術之有和會與駁辨，亦各因其時而然也。當戰國之衰世，儒學之初興，我勢未立，我道未尊，則孟荀之駁辨尚矣。析之有以極其細，剖之有以盡其精，凡其說之苟有異於我者，無不昌辨而力斥之。凡我說之所以卓立而見尊，則職此之由也。逮夫秦漢一統，世運既轉，而儒術亦已尊。一世之人，方務爲高瞻遠矚，兼包幷舉，其氣無前，其抱無外，則和會融通之意興焉。蓋前者憂深而慮遠，後則氣盛而心開，夫非時與勢之爲之歟。濂洛初興，亦値宋之盛世，承百年太平無事之後，禮樂文運方起，和會融通，適以成我之大，而無患其損我之尊。南渡以還，建安集其大成，而金谿卽別樹壁壘，此固偏安之氣局也。姚江起於明代，亦包羅兼容爲多。及於晚明，宗邦覆矣，民生瘁矣，衣冠文物掃地盡矣。使於此時，不嚼然有所自表異，不確然有所自持守，將淪胥喪亡之無日，而又何有乎和會以自大。則晚明諸老之所爲窮剖而極辨者，亦豈得已而不已哉。

故北宋如前漢，晚明似先秦，此實儒家之兩翼。凡儒術之所由以確立而大行者，乃此兩翼互爲而共成之，而不可或缺焉者也。而其間之異同離合，則猶有可得而略論者。當孟荀之時，雖亦高論王霸，推極於國家天下，要之其立說之所偏重，則個人之心性學養爲之主，而大羣政教功利爲之輔。迄於先漢，其風斯變。時則政出一統，世運方新，學者之所想望，於大羣之政教功利尤急，而小己之心性學養轉疎焉，此畸輕畸重之異也。若北宋諸儒，其和會融通似前漢，而其偏重於個人之心性學養則轉似先秦。晚明之剖析駁辨似先秦，而其偏重在大羣之政教功利，則又似前漢。此其間亦有說。蓋前漢當盛運初啓，學者莫不踴躍蘄嚮於大同太平之治，各思述其道以易一世而躋於所理想，故其言政教功利，率多遊神泰古，馳騁恣肆，而徵實非所務。至於晚明，國覆種奴，一羣方陷於魚爛瓦解之境而不可猝救，故其神斂，其心惻，若痛定之思痛，其於一羣之政教功利，多懲前而毖後。為歷史之反省，而不敢輕發舒。雖活潑磅礴不如前漢，其敦篤就實則愈之。

滿清盜憎主人，蠹故紙逃死而稱經學，斯無足道者。道咸以往，以海疆之多虞，而滿族之箝制防遏也轉弛，學者驟脫羈軛，而所以震盪其心魄者，則有似於晚明。故其言率偏於一羣之政教功利，而個人之心性學養有不遑。而其時則歐風東漸，凡彼之所以為政教功利者，又與我相懸絕。富強熠其神智，既不得為韓愈之排擊，乃又相務趨於李翺之和會。故一時之學風，轉有類於前漢。斯則以衰世之人心，而強慕盛世之學業，晚清道咸以下之大體則然也。

辛亥鼎革，政體丕變，一時人心，若久縛而乍解，若長蟄之思蘇，而又東西之接觸既頻，士大夫揖讓周旋於多邦羣族之間者既久，若將披心胸，豁肝胆，以懷納諸新而融之為一大，秦漢和會之風進而益奮。公羊之變法，禮運之大同，可以參是中之消息矣。然而國步之艱難依舊，羣體之隳頹日甚，秦皇漢武之豐功偉烈，既不可以驟冀，而晚明諸老之所為驚心而動魄者，亦復如夢魘著人，不得遽醒。則遲徊瞻顧，凡其創鉅而痛深者，皆孤孽操危慮深之資也。於是和會之不足，而辨駁之風隨以俱起。是則前漢晚明，其為儒學之兩翼，所憑以左右夾輔而扶搖直上者，當今之世，乃有齊頭並進之觀，斯非希覯之一奇歟。故晚近來學者稱引儒書，所樂為援據而闡發者，非易傳戴記，則往往在晚明，此辛亥前後五六十年中風氣，蓋有不知其然而然者矣。

抑學術之事，能立然後能行，有我而後有同。否則，不立何行，無我何同。苟非孟荀之強立，亦無以來秦漢之廣負。而今日者，在我則至愚至弱，至亂至困，既昧昧然不信我之猶有可以自立之地，而失心強顏以遊慕於羣強眾富之列，曰：我將爲和會而融通焉，我將爲兼舉而幷包焉，甘受和，白受采，先既無以爲之受矣，更何期乎黼黻文章之觀，酸鹹五味之調乎？故凡苟有以異於我者，必辨之晰而爭之明，斯所以尊我使有立也。凡苟有以同於我者，必會其通而和其趣，斯所以大我使有行也。而今日之我，求其能尊而有立也尤亟。大心深識之君子，其將有體於斯文。

孔子與論語

2022年5月二版　　定價：新臺幣550元

著者　錢穆

出版者	聯經出版事業股份有限公司	副總編輯	陳逸華
地址	新北市汐止區大同路一段369號1樓	總編輯	涂豐恩
叢書主編電話	(02)86925588轉5305	總經理	陳芝宇
台北聯經書房	台北市新生南路三段94號	社長	羅國俊
電話	(02)23620308	發行人	林載爵
台中分公司	台中市北區崇德路一段198號		
暨門市電話	(04)22312023		
郵政劃撥帳戶第0100559-3號			
郵撥電話	(02)23620308		
印刷者	世和印製企業有限公司		
總經銷	聯合發行股份有限公司		
發行所	新北市新店區寶橋路235巷6弄6號2F		
電話	(02)29178022		

行政院新聞局出版事業登記證局版臺業字第0130號

本書如有缺頁，破損，倒裝請寄回台北聯經書房更換。　ISBN 978-957-08-6302-4 (精裝)
聯經網址 http://www.linkingbooks.com.tw
電子信箱 e-mail:linking@udngroup.com

國家圖書館出版品預行編目資料

孔子與論語 / 錢穆著 . 二版 . 新北市 . 聯經 .
2022.05 . 276面 . 14.8×21公分 .
ISBN 978-957-08-6302-4（精裝）
[2022年5月二版]

1. CST: (周)孔丘 2. CST: 論語 3. CST: 學術思想

121.23 111005233